体育旅游市场开发
及其可持续发展研究

周洪松 著

吉林大学出版社

·长 春·

图书在版编目(CIP)数据

体育旅游市场开发及其可持续发展研究 / 周洪松著
. — 长春：吉林大学出版社，2020.1
ISBN 978-7-5692-6072-4

Ⅰ.①体…　Ⅱ.①周…　Ⅲ.①体育－旅游市场－市场
开发－研究－中国②体育－旅游业发展－研究－中国
Ⅳ.①F592.68

中国版本图书馆 CIP 数据核字(2020)第 020996 号

书　　名	体育旅游市场开发及其可持续发展研究	
	TIYU LVYOU SHICHANG KAIFA JIQI KECHIXU FAZHAN YANJIU	
作　　者	周洪松　著	
策划编辑	孟亚黎	
责任编辑	代景丽	
责任校对	柳　燕	
装帧设计	崔　蕾	
出版发行	吉林大学出版社	
社　　址	长春市人民大街 4059 号	
邮政编码	130021	
发行电话	0431－89580028/29/21	
网　　址	http://www.jlup.com.cn	
电子邮箱	jdcbs@jlu.edu.cn	
印　　刷	三河市铭浩彩色印装有限公司	
开　　本	787mm×1092mm　1/16	
印　　张	16	
字　　数	207 千字	
版　　次	2021 年 3 月　第 1 版	
印　　次	2021 年 3 月　第 1 次	
书　　号	ISBN 978-7-5692-6072-4	
定　　价	78.00 元	

前　　言

　　随着社会经济水平的提高，人们有了可自由支配的收入和闲暇的时间，原有的旅游模式已无法满足人们的需求，体育旅游作为一种新生事物应运而生。而且，在信息社会、经济全球化背景下，体育旅游已经成为旅游发展到一定阶段的专项旅游，其在注重健康与娱乐、休闲与放松双重价值取向的同时，对身体与精神的双重享受也越来越重视。体育旅游以其独具的魅力受到广大群众的青睐，成为新时代中国体育的新时尚。

　　我国不仅具有得天独厚的天然旅游资源，而且还有丰富的、独具特色的传统民族体育文化资源，顺应当前社会生活条件下人们旅游需求的变化，认识体育旅游的价值，对合理规划、培育体育旅游市场，促进体育旅游可持续发展，推动社会进步与经济发展具有积极作用。虽然近年来我国体育旅游业已经有了长足的进步，但体育旅游市场规模较小，体育旅游消费没有成为体育市场和旅游市场消费的主流，体育旅游产品与服务单一、缺少品牌创新、区域体育旅游发展不平衡等问题依然突出，与旅游发达国家相比，差距非常明显。体育旅游作为我国旅游业的重要组成部分，深入研究体育旅游市场的现状、开发及可持续发展对策显得尤为重要。基于此，特撰写《体育旅游市场开发及其可持续发展研究》一书，为我国体育旅游市场的优化与可持续发展提供科学参考。

　　本书共有九章内容，第一章至第三章着重分析体育旅游及市场开发的基本理论与发展现状。第四章至第六章重点对体育旅游市场开发和发展的管理及保障问题进行研究。第七章至第九章主要探究体育旅游市场开发与可持续发展的典型与实证案例。

　　本书不仅注重对体育旅游市场开发的基础理论研究,而且结合现实的生态环境与安全问题,对体育旅游的生态环境预警管理及安全保障进行了全方位研究。希望本书能够在突破我国体育旅游研究瓶颈,推动我国体育旅游市场开发及可持续健康发展方面发挥重要作用。

　　本书在撰写过程中,参考和借鉴了大量关于体育旅游的书籍和资料,在此向有关专家和学者致以诚挚的谢意。由于时间和精力有限,书中难免存在错误或遗漏之处,恳请广大读者批评指正。

作　者
2019 年 4 月

目　　录

第一章　体育旅游及其市场开发的科学理论基础

当前,随着体育事业与旅游事业的不断发展,将两者有机结合起来的体育旅游,作为一种特殊的旅游形式,受到越来越多人的欢迎与喜爱。在这样的背景下,为了促进体育旅游的进一步发展,开发体育旅游市场成为当前非常重要的一个课题,而这一课题是必须在科学的理论基础上进行的。本章主要对体育旅游的相关概念与国内外在这方面的研究进展、体育旅游的特点与类型、体育旅游与社会各要素之间的关系,以及体育旅游市场开发的理论基础几个方面加以剖析,从而为体育旅游市场开发和可持续发展奠定坚实的基础。

第一节　体育旅游相关概念与国内外研究进展

一、体育旅游的相关概念解析

（一）体育旅游

从字面上来看,"体育旅游"就是"体育"与"旅游"的结合。在理解体育旅游的概念之前,首先要清楚旅游的基本构成要素也是体育旅游作为一类比较特殊的旅游活动所必须具备的。"旅游"具备几个特征,即空间位置发生移动、暂时滞留目的地、活动内容非营利;"体育旅游"应具备旅游的几个特征,体育旅游者的活动可以是在目的地从事体育活动,也可以是在目的地观看体育赛事或体育方面的景观。①

综合上述分析来看,体育旅游是体育和旅游交叉、渗透、结合且发生质变而形成的社会时尚。体育旅游的相关因素及结构如图 1-1 所示。

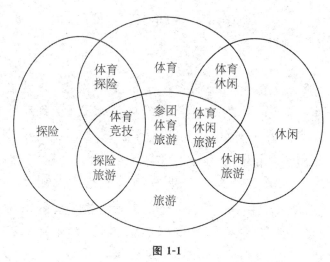

图 1-1

(二)体育旅游资源

人们是否会做出体育旅游的行为,一定程度上取决于体育旅游资源是否对人们具有吸引力,能否将人的旅游动机与热情激发出来,只有产生旅游动机,才有可能付诸实践。吸引人的体育旅游资源也是体育旅游的对象。

体育旅游的对象可以是后天已经开发或有待开发的事物,也可以是为体育旅游者提供专门体育旅游服务的体育旅游设施。

一般可以将体育旅游资源的概念表述为,在自然界或人类社会中能吸引体育旅游者,将其体育旅游动机激发出来,使其付诸体育旅游行为,从而增加产生相应经济、社会以及生态效益的事物。②

---

① 陶宇平.体育旅游学概论[M].北京:人民体育出版社,2012.
② [英]维德,[英]布尔著.体育旅游[M].戴光全,朱竑主译.天津:南开大学出版社,2006.

（三）体育旅游者

离开常住地，为参加或观赏体育活动而前往目的地暂时滞留，在旅途中及目的地做出消费行为，以满足自身健身、娱乐等旅游需要的人就是体育旅游者。

体育旅游者的体育消费主要包括实物消费与劳务消费，如图 1-2 所示。

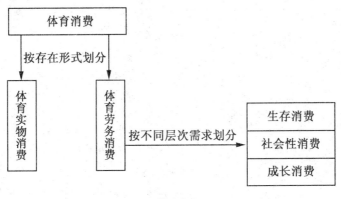

图 1-2

体育旅游者所包含的含义主要有四个方面。

第一，体育旅游者将参加体育旅游活动的目的定为满足精神享受或自我实现的需要。

第二，体育旅游者必须是离开常住地 24 小时以上，在目的地 1 年以内。

第三，体育旅游者在旅游过程中必须参与体育活动。

第四，挑战自我，获得特殊旅游经历，满足精神需要，是体育旅游者的主要目的所在，同时，其还要在体育旅游过程和装备方面支出一定的经济费用。

（四）体育旅游业

体育旅游具有大众性，也是特殊的旅游形式，依据这两点，可以将体育旅游业定义为：体育旅游业是以体育旅游资源为凭借，以体育旅游者为主要对象，通过提供体育旅游服务满足体育旅游者需求的综合性产业。①

　　体育旅游业是体育产业的重要内容。体育产业类型丰富,体育旅游业是某类体育产业中的组成部分,如依据体育商品的性质,可分为体育服务业和体育配套业(图 1-3);依据产业链上下游关系,可分为上游、中游和下游产业(图 1-4)。

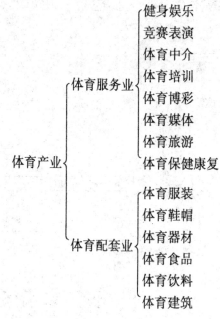

图 1-3

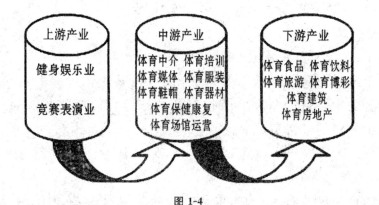

图 1-4

---

① 陶宇平.体育旅游学概论[M].北京:人民体育出版社,2012.

从图 1-3 和图 1-4 来看,体育旅游业属于体育产业中的体育服务业,也是体育下游产业的重要组成部分。体育旅游业的含义主要体现在以下几方面。

(1)体育旅游业发展的基础依托是体育旅游资源。

(2)体育旅游业主要服务于体育旅游者。

(3)作为综合性产业的体育旅游业由多行业构成,如餐饮住宿、交通运输、旅行社、通信业、游览场所部门等。

二、国内外体育旅游研究进展

对体育与旅游的关系最早进行描述的文献是一篇题为《体育和旅游》的文章,作者 Don Anthony,发表于 1966 年。虽然这篇文章只是简单说明了体育活动在度假旅游中的角色,但在体育旅游研究史上具有里程碑意义。

早期体育旅游研究中,关于体育旅游概念和内涵的研究不成系统,也比较模糊,研究成果相互独立、割裂,这不利于体育旅游理论的丰富与发展,也对体育旅游发展实践的指导意义较弱。因此,从 20 世纪 60 年代到 21 世纪初的十几年时间里,体育旅游研究的努力方向是从非正统学术研究向正统学术研究转变。1998年,Gibson 系统地指出并分析体育旅游研究中存在的散、乱等问题。

此外,体育旅游研究中也缺乏政策、教育层面的研究与整合性研究,具体表现如下。

第一,对体育部门和旅游部门之间协调合作的研究较少。

第二,对体育旅游的跨学科研究较少。

第三,对体育专家与旅游专家在教育层面上对体育旅游的作用研究较少。

对于某些专家来说,由于体育旅游仍然为成为正统学术研究而挣扎,过去几十年关系到体育旅游研究如何发展的核心问题仍旧没有得到解决,因此,简单回顾体育旅游在 Anthony 论文之后的发展历程,可能对该领域具有一定意义。

　　这里要强调的是,Anthony 1966 年写的这篇论文并没有将大家深入探讨体育旅游的兴趣激发出来。因此,De Knop(1990)指出,体育旅游的学术研究是从 20 世纪 70 年代开始的,而 Glyptis (1982)关于欧洲五国体育和旅游的研究,则是体育和旅游相互关系研究真正开端的重要标志。该领域最早的实质性研究有很多,其中,最为主要的有两个方面:一个是 Glyotis 的深层次研究,一个是受英国体育委员会委托起草的关于体育和旅游相互关系的文件。除此之外,还有一些研究者也有所成就,比如,De Knop (1990)、Standeven 和 Tomlinson(1994)、Glyptis(1998)、Weed (1999a)以及 Jackson 和 Weed(2003)。另外,很多学者也从不同的层面对体育和旅游的相互关系进行了研究。

　　体育旅游专著是体育旅游研究成果的重要载体和体现,最早在体育旅游著作上做出成绩的是 Standeven 和 De Knop,时间是 1999 年。之后的体育旅游著作将体育旅游的影响作为一个核心来研究,也有从心理学角度展开研究的,近些年的研究更注重体育旅游发展的前景分析与未来展望。

　　体育旅游的研究主题在很多国际会议上都有着较为突出的表现。以体育旅游为主题之一而展开讨论的最早的国际会议是英国体育委员会举办的游憩管理研讨会,时间是 1986 年,会议主要讨论体育活动在人们的旅游过程中是一个什么样的存在,有什么意义,并从实践层面讨论了体育旅游过程中遇到的问题。后来将体育旅游作为重要议题而展开讨论的会议中,比较有影响力的会议是 21 世纪初的“休闲研究学会大会”和“欧洲体育管理代表协会”。这里需要特别说明的是,体育旅游会议中最具代表性的是“首届世界体育和旅游大会”,组织单位是在世界上具有巨大影响力的国际奥林匹克委员会和世界旅游组织,时间是 2001 年 2 月。

　　在巴塞罗那举行的体育和旅游大会上,当时的国际奥林匹克委员会主席 Juan Antonnio Samaranch 应邀出席了大会。与体育旅游的很多学术研究一样,本次大会对体育旅游的影响和管理问题进行了重要讨论。为本次大会准备的报告主要有两篇:一篇是关于体育旅游发展的简介,该报告里并没有涉及体育旅游目前进展的研究;另一篇则是关于荷兰、德国—法国体育旅游偏好的案例研究。在本次大会上,国际奥委会(IOC)和世界贸易组织(WTO)在体育旅游方面有着深入合作的迹象并没有显现出来。

但是,从某种意义上来说,这次联合大会对体育旅游发展中遇到的问题都有着不同程度的揭示,其中,较为典型的有以下三个方面。

一方面,大会过多局限于对体育旅游的影响、管理和市场营销的讨论,许多内容缺乏理论支撑。

另一方面,就大会准备的两篇报告来说,第一个报告在对体育旅游研究现状的认识上较为欠缺,第二个报告则只对北欧旅游群体的偏好进行了研究,都存在着一定的不足之处。

还有一方面,大会没能对体育和旅游决策部门起到积极的引导作用,使它们对体育旅游联合发展的战略问题加以研究。

这次大会的参加者中也包括了国际体育旅游委员会(STIC)的代表。STIC的前身"旅游体育国际委员会"(TSIC),于1990年成立,为体育旅游发展而组建的专业委员会是其本质所在,其主要宗旨为,推进体育旅游研究的进展,促进旅游和体育组织、团体及其他与体育旅游产业发展有直接或间接联系的部门之间的联系和沟通(STIC网站)。

1995年,STIC组建了一个研究机构,之后网上《体育旅游杂志》也得以创建。该期刊早期的主要内容大部分都是介绍性的。2003年,该刊与万象(Routledge)出版社合作,希望能多为体育旅游研究提供真正有用的信息,并为体育旅游研究提供国际交流和展示的平台。

STIC已经逐渐开始将体育旅游相关的课题项目作为关注的重点,"资格认证项目"为合格人士颁发"体育旅游经理资格证"证书(CSTM)。同时,体育旅游专业的学位也已经存在。但是,我们面临的是一个关键的问题,就是什么样的体育旅游学位是社会所需要的。Gibson 的主要观点是,任何一种这类学位的发展都受到大学自身经济利益的驱动,体育旅游学位可以被看作是刺激体育旅游供应的有效战略。

从某种程度上看,在世界体育旅游研究领域,很多学者往往会对他人的研究成果熟视无睹,这一问题在很多无足轻重的重复性的学术研究上得以反映。

第二节 体育旅游的特点与类型

一、体育旅游的特点

体育旅游具有旅游的一般特点,也有自身的独特性,也就是区别于一般旅游的特质,下面重点就其独特性进行分析。

(一)技能性

一般的旅游活动,尤其是旅行社组织的旅游活动,对旅游者没有技能上的要求,体育旅游则不同,对旅游者技能上的要求比较高。体育旅游尤其是户外具有挑战性的体育旅游活动往往具有技能性、危险性、刺激性等特征,如果旅游者体能差、心理脆弱、体育技术掌握不好,则很难顺利参与这些旅游活动,也不可能满足旅游需求,无法获得理想的旅游体验。不仅是旅游者,旅游活动的组织经营者也要具备良好的技能,如体育器材操作技能、指导技能与安全管理技能等,从而为旅游者提供更专业和安全的服务。

(二)重复性

一般的旅游景点对同一名旅游者的吸引力通常只有一次,也就是说被一个旅游景点吸引而去旅游的人,在此次旅游结束后很长时间内基本上不会再去第二次,并不是说这次旅游让他们感到失望,而是他们更愿意把时间、精力和金钱用到新鲜的没有接触过的景点上。多次重复去一个景点会让他们觉得没意思。

体育旅游则不同，人们参加体育旅游活动，是出于对某项体育运动的爱好，如登山旅游是因为喜欢登山项目，观赏赛事旅游是因为喜欢这项运动。因为有这方面的兴趣爱好，所以他们会重复这些旅游行为，就像喜欢篮球运动的人会经常打篮球一样。喜欢登山运动的人会经常和同伴进行登山旅游，喜欢足球运动的人会关注足球赛事，并前往赛事举办地支持自己喜欢的队或运动员，可见体育旅游的回头率是比较高的。

（三）消费高

体育旅游属于高消费活动，因此具有消费高的特征，具体从以下几方面体现出来。

（1）有些体育旅游活动对旅游者的穿着、携带的物品等是有专门要求的，如果穿着太随意或没有携带必需物品，则很难顺利开展旅游活动，购置专门的服装与物品是消费行为。

（2）旅游者在旅游前会通过购买书籍或参加培训来掌握专门的技术，为旅游做好技能准备，而买书和参加培训都是需要花费一定资金的。

（3）为了保障旅游活动的顺利开展和安全进行，旅游团队中应配备专业向导、医生等重要人员，并要给予他们相应的报酬，一般花费较高。

（4）体育旅游比较危险，发生意外的可能性比一般旅游大，安全防范意识较强的旅游者往往会先买意外保险，然后外出旅游，不管是购买意外保险，还是购买专门的防护装备，都是不小的开支。

（四）体验性

现在，服务经济正在慢慢被体验经济所取代，这是世界经济形态发展演进的一个趋势。随着经济的发展和人们生活水平的提高，人们对旅游的需求越来越多元，需求层次也越来越高，体验需求属于一个较高层次的需求,而这也是现代体育旅游者的一个迫切需求。因此,体验式体育旅游与当前旅游市场发展需求是相适应的,体验式体育旅游依托丰富的体育旅游资源为旅游者提供相关服务,满足旅游者的健身需求、娱乐需求、交际需求和体验需求,增加旅游者的快感,丰富旅游者的体验,使旅游者享受其中的每个环节。

(五)风险性

体育旅游和一般旅游相比,存在较高的风险性,而且风险发生的偶然性较大,难以提前准确预测,一旦发生危险就会造成相应的身心伤害或财产损失,甚至会失去生命,这对体育旅游爱好者来说是一个巨大的挑战和考验。

参加自驾车、登山、徒步穿越等极限类体育旅游活动,突发的危险和事故是经常会发生的。相较于我国户外运动的参与人数来说,西方人参与户外运动的绝对数要大许多,伤亡事件的发生频率也较高。

造成安全事故的原因主要可以归为人为、设备、环境、组织管理等几类。环境因素有自然环境和社会环境两类,前一种因素不可抗拒,但要提前做好预防和应对的准备,将生命损失、财产损失以及对社会的负面影响降到最低。体育旅游者必须要有良好的安全防范意识与技能,要在关键时刻懂得自救和救人。

(六)地域性

不管是同一类型体育旅游资源在各地的分布,还是同一地方所拥有的体育旅游资源等,都是有规律可循的,与当地的自然环境、社会环境等都有密切的联系。各地的体育旅游资源都烙上了地方的印记,反映了地方的文化特色。

例如,我国北方冬季的冰雪运动、沿海地区夏季的海上运动、山区的登山运动和沙漠地区的沙漠探险活动等体育旅游项目都体现了体育旅游具有显著的地域性特征。

地域性特征是体育旅游吸引体育旅游者的一个主要原因,如果各地的体育旅游资源单一、重复、雷同,则对体育旅游者没有吸引力,更不会激发旅游者旅游的动机,只有地方特色鲜明而又独特的体育旅游项目才会吸引大量的体育旅游爱好者争相前往参与旅游活动,并做出消费行为,这对当地经济的发展具有重要意义。

二、体育旅游的类型

体育旅游的分类方法有很多,常见的几种分类方式见表1-1。

表 1-1　体育旅游的分类方法

分类依据	类型
体育学、旅游学等不同研究角度	参团体育旅游
	自助体育旅游
体育旅游资源	水上项目型
	陆地项目型
	空中项目型
	冰雪项目型
	海滩项目型
体育旅游目的	观光型
	休闲度假型
	健身娱乐型
	竞赛型
	极限型
	拓展型
体育旅游者的参与行为	体验型
	观赏型

表1-1中的第一种分类如图1-5所示。

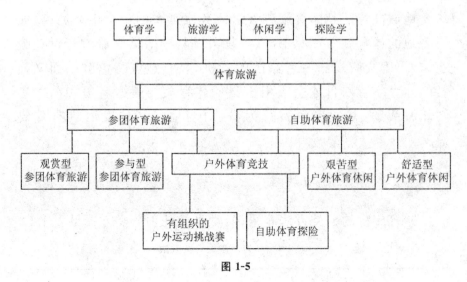

图 1-5

下面重点分析表 1-1 中的第三种分类,表 1-2 是各类体育旅游的典型代表项目或内容。

表 1-2　不同类型体育旅游的典型内容

类型	代表性作品
观光型	体育建筑
	体育遗址
	体育雕塑等
竞赛型	大型体育比赛
休闲度假型	滑雪
	钓鱼
	温泉
	骑马
	冲浪等
健身娱乐型	健身娱乐场所
拓展型	漂流
	攀岩
	溯溪等

类型	代表性作品
极限型	攀登
	高山速降
	跳伞
	蹦极等

（一）观光型

观光型体育旅游就是指在远离其常住地，主要通过视听对体育活动、体育建筑物官邸、体育艺术景点、各具特色的体育文化进行欣赏体验的过程，主要目的是获得愉悦的感受。

（二）竞赛型

竞赛型体育旅游是以参加某种体育竞赛为主要目的的运动员、教练员以及与竞赛有着密切相关的人员，为了组织和参加某种体育竞赛，在旅游地逗留一段时间并在比赛之余从事各种观光活动。

（三）休闲度假型

以消除疲劳、调整身心、排遣压力为主要目的具有体育元素的旅游活动就是休闲度假型体育旅游。

（四）健身娱乐型

这是以娱乐性的体育健身、疗养、体育康复为主要目的的体育旅游，如钓鱼、冲浪、骑马、游泳等项目。

（五）拓展型

组织旅游者在崇山峻岭、瀚海大川等自然环境和人工环境中磨炼意志、陶冶情操，满足寻求刺激、猎奇、挑战极限等意愿的旅游形式就是拓展型体育旅游。

（六）极限型

极限型体育旅游是人类向自身生理和心理极限的一种挑战。这类体育旅游项目的难度是非常大的,同时还存在着较大的风险性,而其最大的特点就是追求刺激、挑战极限。通常情况下,这种类型的体育旅游往往是针对成年人或者具备专业知识和经过专业训练的人开展的,因此,其也有"少数人的运动"之称。

第三节　体育旅游与社会各要素相关关系

一、体育旅游与社会经济的关系

（一）体育旅游经济的内涵

人们在生活水平不断提高之后,进行的以旅游活动为前提,以商品经济为基础,以体育项目为媒介,以现代科学技术为依托,反映体育旅游活动过程中,体育旅游者与经营者之间按照各种利益而发生经济交往所表现出来的各种经济活动和经济关系的总和,就是体育旅游经济。[①]

（二）体育旅游经济的特征

体育旅游经济,作为一种特殊的经济形式,有其本身所具有的显著特征,具体表现在以下几个方面。

1. 属于一种经济活动

体育旅游经济学的出发点是人,围绕人的体育经济行为产生的活动,可以说是传统经济在新的时代条件下内核发生转换后的

---

① 柳伯力. 体育旅游概论[M]. 北京:人民体育出版社,2013.

产物。体育旅游经济所探讨的内容主要是:由体育旅游所引起的"生产、交换、分配、消费"关系的变化,以及各环节之间的交替互动过程。

2. 具有无形性

体育旅游行为消费的是无形资源,而不是有形资源,是体育旅游经济与传统经济的最大区别所在。从某种意义上来说,体育旅游经济是一种心理的愉悦与满足,具有无形性。

3. 追求人文关怀

体育旅游经济强调"以人为本",满足人们的体育旅游需求,追求人文关怀是体育旅游经济的核心特征。

4. 促进资本的多元化

现代社会中,资本是多元化的,通过体育旅游活动,从以商品为中心转变为以人为中心,可实现资本的多元化。

(三)体育旅游经济的社会价值

在体育旅游快速发展的带动下,体育旅游经济也积极促进了社会经济的发展,具体来说,可以从经济、文化和社会环境几个方面得到体现。

1. 经济价值

(1)增加外汇收入

在商品经济环境下,一个国家只有将相当数量的外汇牢牢掌握在手,其对外经济合作才能顺利开展并不断扩大,其在国际市场上的购买力才会增加。

国家增加外汇收入的途径如图1-6所示。

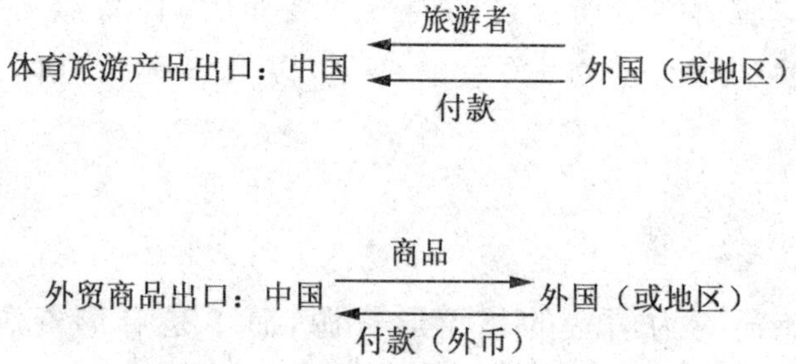

体育旅游产品出口：中国 ←――――― 外国（或地区）

＊旅游者（上箭头）＊付款（下箭头）

外贸商品出口：中国 ―――――→ 外国（或地区）

＊商品（上箭头）＊付款（外币）（下箭头）

图 1-6

（2）调节货币流通与回笼

在旅游收入中，体育旅游收入占有一定比例。旅游消费可促使货币流通，促进国家回笼货币及对资金的积累。

（3）增加就业机会

就业对任何一个国家来说都是非常受重视的社会问题，这个问题直接影响国家的经济发展和综合国力的提升。就业关系着每个人的发展，居民的就业问题能否得到妥善解决，就业是否稳定等，可以从一定程度上将国家的经济水平及社会稳定性反映出来，因此各国都积极通过各种有效渠道来带动就业，而发展体育旅游经济就是其中一个非常好的渠道与路径。

体育旅游产业是劳动密集型产业，对相关行业的发展具有积极的影响力与带动作用，而各行业的发展又会对从业人员的数量有更高的需求，因此可以有效解决人们的就业问题。

2. 文化价值

（1）增进友谊

体育旅游活动也是一种社交活动，社交活动对促进人们之间的友好沟通与交往，增加友谊与营造和谐的社会氛围具有重要作用，体育旅游活动同样具有这方面的意义与作用。很多体育旅游活动都离不开参与者之间的相互协作。例如，在探险性体育旅游活动中，有的旅游者体质较差，途中可能发生感冒等小问题，这时其他同行的人便会对其进行照顾，或者当旅游者因为自身安全防范意识差而不幸陷入困境时，单靠自己的力量很难脱身，这时需要他学会合理求助他人,同行者也会伸出援助之手,等等。人与人在相互帮助中对对方有更深入的了解,并给予更多的理解,从而建立良好的友谊,这对维护社会关系的稳定与和谐具有重要意义。来自不同国家的旅游者之间的相互帮助也有助于国家之间的友好往来,为世界和平做出贡献。

在体育旅游过程中,旅游者之间没有阶层高低之分,所有人都是平等的,都是以旅游者的角色参与活动的,这有助于减少社会偏见或分歧,甚至能够消除不同阶层之间的误解与非议,取而代之的是各阶层之间的相互理解、支持与合作,这是非常难得的。

(2)开阔眼界,提高生活质量

体育旅游经济在这方面的作用与意义具体从以下几方面体现出来。

第一,人们将体育旅游作为一种生活追求,希望通过这个特殊的生活方式可以获得更美好的生活体验,享受更多的生活乐趣,并更加热爱生活。

第二,人们参加体育旅游活动的过程中,会学习与涉猎很多方面的知识与技能,知识系统会进一步完善,视野也会较之前变得更开阔。

第三,体育旅游能够使人们的身体素质得到改善,保证身心健康。使人们恢复体力焕发神采,提高对工作、生活的兴趣和热情。

第四,体育运动能够磨炼人的意志,培养人的道德观念与体育精神,增强人的集体主义精神、团队协作意识及爱国主义精神,依托体育运动等体育旅游资源而发展起来的体育旅游活动同样能够起到这些作用,具有探险性质和需要集体配合完成的体育旅游活动在这方面所发挥的作用尤为明显。

(3)培养爱国情感、保护民族文化

体育旅游者离开常住地,到陌生的环境中了解各地的自然风光与风土人情,开阔眼界,对祖国的大好河山和民族文化会有更全面、深刻地了解,从而产生浓浓的爱国之情和为祖国做贡献的奉献之情。

体育旅游和社会文化存在密切关系,丰富的体育旅游文化资源使旅游者对社会文化与民族文化的了解不断深入,并在弘扬、传播与传承民族文化方面产生强烈的使命感,这对中华民族体育文化的传承与发展具有重要意义。

(4)促进体育技术交流

体育旅游在这方面的作用主要从以下两点中表现出来。

第一,体育旅游者是来自社会各个阶层与行业的体育爱好者或旅游爱好者,其中就包括体育专家、体育学者、体育教练或其他体育专业人员,他们在旅游过程中有较高的旅游需求,且能够从专业的角度对旅游活动或旅游资源做出评价,或针对问题而提出改进建议,或与当地同行交流,或产生新的研究思路,这对于旅游地体育旅游的进一步发展具有重要意义。

第二,各地为发展体育旅游,都在积极采用先进的科学技术来改造体育设施资源,完善场地设施功能,以满足体育旅游者更多更高的需求,科技在体育旅游领域的运用能够推动体育旅游发展水平的进一步提升。

3. 社会环境价值

(1)保护自然资源

体育旅游资源中有大量的自然资源或在自然资源基础上进行开发的资源,这些资源为体育旅游的发展提供了良好的条件,发展体育旅游必须要将这些自然资源保护好。

(2)对相关旅游设施数量的增加、质量的提高起到积极的推动作用

体育旅游包含的内容较多,因此,相关设施也比较多。体育旅游的发展,在一定程度上增加了目的地和旅游线路沿途的休闲、娱乐、康复设施,这也就带动了体育运动器材和运动服装商店数量的不断增加。

(3)对道路、交通运输、邮电通信等基础设施的改善起到积极

促进作用

体育旅游在一个地区得到产业化发展之后,能够对当地交通设施的建设与不断完善起到积极的促进作用,从而有效地发展常规的基础设施。除此之外,线路上的汽修点、加油站、邮局和电信网络也要有所增加,提高服务能力和标准,从而为体育旅游者提供更多的方便。

(4)使旅游地的环境卫生引起重视

体育旅游时对环境质量的最基本、最起码的要求,就是保证人体健康。这就要求旅游目的地的环境质量要比一般生活与生产的环境质量高一些。同时,还要促使旅游目的地采取必要的措施强化环境管理,提高环境质量,从而向体育旅游者提供满意的体验。

(5)维护历史建筑和古迹遗址

有些地区虽然有丰富的旅游资源,如古迹遗址、历史建筑等,但因为经济发展落后而没有足够的资金去维护这些资源,从而导致资源受损或流失,对这些地区来说,发展经济是首要任务。利用这些旅游资源开发旅游项目,发展旅游业,能够促进当地经济发展,而用旅游经济收入又能对这些旅游资源进行修整与维护,建立科学的循环机制,有助于大大提高旅游资源的价值。

(6)体育旅游带来普通旅游的介入,增加旅游目的地规模

作为普通旅游的一种类型,体育旅游发展到一定规模、具备较大的影响之后,与之相关的生态旅游、观光旅游等其他类型的旅游也会接踵而至。

二、体育旅游与社会休闲

当前,体育旅游种类繁多,内容丰富且有特色。随着体育旅游的不断发展,人们对体育旅游的需求形式或方式方法也不尽相同,再加上体育旅游市场的快速发展,这就对体育旅游市场的细分起到积极的促进作用,在这样的形势下,体育休闲旅游、体育旅游休闲、休闲体育旅游等基本形式开始出现。

（一）体育休闲旅游

1. 体育休闲旅游的概念

结合国内外相关学者的观点，可以将体育休闲旅游的概念界定为：以旅游资源为依托，以体育休闲为主要目的，以旅游设施为条件，以特定的体育文化景观和体育服务项目为内容，离开常居地而到异地逗留一定时期的体育游览观光、体育休闲娱乐、体育竞赛观摩和休息的活动。[①]

关于体育休闲旅游的概念，可以从以下几个方面来加以理解。

第一，体育休闲旅游的主要内容是休闲体育，旅游者从事休闲体育活动的主要动机是参与和观赏。

第二，体育休闲旅游能够使旅游者身心愉悦，使其身体与精神的需求得到满足，这主要是因为旅游者在旅游过程中对异地的旅游资源及文化资源等会产生深刻的感受与体验。

第三，体育休闲旅游是休闲旅游和体育旅游的重要组成部分，这一旅游形式在调节身心、愉悦身心、满足身心需求等方面发挥着重要的作用，旅游者在旅游过程中的身心活动基本都是积极的。

2. 体育休闲旅游的分类

体育休闲旅游有不同的类型，不同类型的体育休闲旅游的旅游内容与资源是不同的，依据旅游资源和内容的特征，可以将其划分为以下两种类型。

第一种是以与自然资源结合的户外身体活动为内容的体育休闲旅游。

第二种是以室内身体活动为内容的体育休闲旅游。通常所

---

① 柳伯力.体育旅游概论[M].北京:人民体育出版社,2013.

说的体育休闲旅游,往往指的就是以与自然资源结合的户外身体活动为内容的体育休闲旅游。

3. 体育休闲旅游与其他旅游形式的区别

现阶段,随着人们收入的增加和生活质量的改善,人们从事体育休闲旅游的动机更加多元,旅游需求的层次也有了进一步的提升,除了健身、观光外,对身心的体验、压力的释放、舒适感的增加等也十分重视,人们逐渐将体育休闲旅游作为一种有追求的生活方式,并以良好的生活态度去参与旅游活动,体育休闲旅游现在更是发展成为一种新风尚。

相较于观光旅游、度假旅游等其他旅游形式来说,体育休闲旅游在本质上与它们存在着差异性,体育休闲旅游突出了"休闲""体育"这两个特质,"休闲"特性能够使旅游者放松身心,"体育"特质能够使旅游者强身健体、娱乐放松。

体育休闲旅游与其他旅游形式的区别见表1-3。

表1-3 体育休闲旅游与观光旅游、度假旅游的比较①

旅游形式	体育休闲旅游	观光旅游	度假旅游
旅游时间	较短(假日消费)	较短	较长
旅游目的	强身健体	开阔视野	放松身心
旅游周期	周而复始	一次性	周而复始
旅游差异	个性化、体验化	简单化、无差异	少差异
旅行方式	散客、团队	团队、散客	散客

(二)体育旅游休闲

1. 体育旅游休闲的概念

体育旅游休闲的定义是体育旅游者以观赏和参与休闲娱乐

---

① 柳伯力.体育旅游概论[M].北京:人民体育出版社,2013.

活动为目的,或以休闲娱乐为主要内容和手段的一种体育旅游活动形式。①

体育旅游休闲在某种程度上就是体育旅游市场纵深发展和不断细化的结果,是体育旅游资源和休闲资源结合、体育旅游产业和休闲娱乐产业结合、体育旅游文化和休闲文化结合的产物。

2. 体育旅游休闲的特点

体育旅游休闲的最大特点就在于其是体育旅游资源、产业、文化与休闲相结合的复合体,强调旅游者的休闲娱乐需求与行为,旅游者对自由自在的休闲娱乐过程更为重视,在休闲娱乐中消除身心疲惫是重点。

3. 体育旅游休闲发展的环境

随着休闲社会时代的临近,体育旅游休闲作为这一热潮也将其积极的推动作用充分体现了出来。随着社会生活方式的转变与经济条件的改善,人们的闲暇时间被越来越多的休闲旅游活动填满,而体育旅游休闲活动在丰富多样的休闲旅游活动中占有重要地位,这是满足旅游者身心放松和愉悦需求的最佳旅游形式之一。

目前,我国对具有传统特色的体育运动项目的发展给予了高度重视,并采取一系列有效措施来发展特色体育项目,体育旅游经济和休闲体育产业也因此而迎来了良好的发展机遇,体育旅游经济与休闲体育产业的发展又直接带动了体育旅游休闲的发展。体育旅游休闲发展的良好环境与条件还不止这些,还包括现代生产力的迅猛发展、国家政策的推行与实施、体育设施的大力建设、现代人消费观念的改变和消费水平的提升等,这些为体育旅游休闲的发展提供了良好的物质、政策等一系列保障。体育旅游休闲发展至今,已逐渐形成具有广泛影响力的一种社会文化现象,也

---

① 柳伯力. 体育旅游概论[M]. 北京:人民体育出版社,2013.

成为人们旅游消费的一个主要方向与内容。

（三）休闲体育旅游

早在 20 多年前，"休闲体育旅游"就已经开始引起了研究者的兴趣。通常，可以将休闲体育旅游的概念界定为：是指人们在余暇时间离开常住地，以休闲体育活动为主要内容，以获得身心体验为目的，以丰富和细化体育旅游市场为宗旨的一种社会旅游活动。

从某种意义上来说，休闲体育旅游是体育学与旅游学互相渗透、互相交叉、互相重叠的部分。

通过休闲体育旅游，人们能够达到完全回归自然、亲近自然、释放自我、张扬个性的目的，同时，还能进一步推动休闲体育旅游经济发展的战略目标得以顺利实现。

当前，旅游已经在世界范围内得到了广泛的发展，再加上休闲时代的到来，休闲体育旅游已逐渐成为一种时尚。作为旅游的一个重要类型，休闲体育旅游是旅游的一种新型产业，其本质也与现代人体验的内在规律性相符，因此，其将会成为推动我国旅游和经济发展的重要战略手段之一已经是毋庸置疑的了。

休闲体育旅游也是一种休闲体育行为方式，人们做出这种行为经历了几个不同的阶段，每个阶段又受到不同因素的影响，图 1-7 可以帮助我们了解这一点。

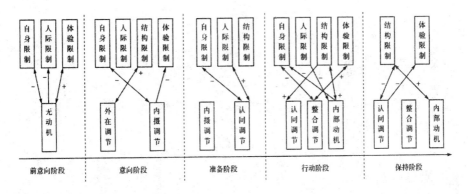

图 1-7

注："＋"为正向作用，"－"为负向作用。

当前,在我国休闲体育旅游的发展中,专业人才的缺乏是一个不得不重视的瓶颈,设计科学的培养模式,大力培养这方面的专业人才能够为我国休闲体育旅游的发展打开新的突破口,有关学者提出了休闲体育旅游专业人才培养模式的构建思路(图1-8),以推动我国休闲体育旅游发展水平的提升。

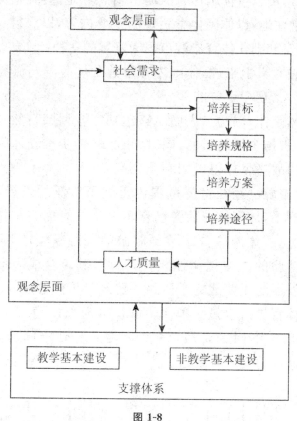

图 1-8

(四)体育旅游与社会休闲的互动关系

体育旅游与社会休闲之间还存在着互动的关系,具体表现在以下两个方面。

(1)体育旅游活动能够使社会休闲的内容更加丰富,居民生活质量有所提升。

(2)社会休闲对体育旅游发展起到积极的促进作用,为开展体育旅游奠定坚实基础。

第四节　体育旅游市场开发的理论基础

一、区位理论

(一)区位理论概述

关注经济活动地理区位的理论,就是所谓的区位理论。该理论主要假设行为主体为自身的利益而活动,对经济活动的地理方位及其形成原因的问题加以解决。如果用地图来表示的话,其需要在地图上描绘出各种经济活动主体(如农场、工厂、交通线、旅游点、商业中心等)与其他客体(自然环境条件和社会经济条件等)的位置,同时,还必须对此进行充分的解释与说明,从而进一步对其形成条件与技术合理性加以探讨。人文地理学基本理论是由很多方面构成的,其中,实用性和应用的广泛性就是其中非常重要的组成部分。

冯·杜能创立农业区位理论以来,区位理论的发展速度就非常迅速,经历了古典区位理论、近代区位理论和现代区位理论三大发展阶段。如今,农业区位理论的研究和应用在农业、工业、商业、贸易、城市和交通等领域都有所涉及,其中,较为具有代表性的理论主要有:冯·杜能的农业区位理论、阿尔申尔德·韦伯的工业区位理论、瓦尔特·克里斯塔勒的中心地理论及奥古斯特·廖什的市场区位理论。

(二)区位理论在旅游中的应用

1. 旅游中心地的界定

通常情况下,旅游中心地必定拥有丰富多彩的旅游资源和得天独厚的交通条件,这是旅游地成为区域旅游中心的先决因素。

2. 旅游中心地的等级

旅游中心地有两个等级:一个是高级旅游中心地(为较大市场范围提供旅游服务的中心吸引物);一个是低级的旅游中心地(为较小范围提供旅游服务的中心吸引物)。

二、增长极理论

(一)增长极理论概述

增长极理论的出发点为区域经济发展不平衡的规律,在区域经济发展过程中,经济增长不会同时出现在所有地方,而总是首先在少数区位、条件优越的点上使其不断成为经济增长中心,通过发挥增长极的极化效应和扩散效应,来对整个地区经济的发展起到积极的推动作用。

增长极对地区经济增长有着非常大的意义,这在区位经济、规模经济、外部经济这几个方面上都有所体现。

(二)增长极理论在旅游中的应用

增长极理论从理论为旅游业优先发展提供了依据和支持。区域旅游的发展在遵循增长极理论的发展模式的基础上,以优先得到发展的地区来带动区域内其他地区的旅游发展。

三、可持续发展理论

(一)可持续发展理论概述

当前,关于可持续发展的定义还没有统一起来,尽管如此,目前得到国际社会普遍认可的定义是在《我们共同的未来》一书中提出的"既满足当代人的需求,又不损害后代人满足其需要能力的发展"。由此可以看出,可持续发展对环境与自然的长期承载力在发展上的重要性,以及发展对改善生活质量的重要性都是非常重视的。既要使人类的各种需要得到满足,个人得到充分发展,又要保护资源和生态环境,不对后人的生存和发展构成威胁,是可持续发展的主要目标。

通过对可持续发展的概念的分析可以看出,其中包含着三个元素,即人类的需求、资源使用的限制、公平。

（二）可持续发展理论在旅游中的应用

在旅游规划和开发中,要将可持续发展理论作为工作的一个重要依据,保持人类享受资源的公平性,还要对旅游区的环境问题加以重视,旅游规划开发人员要树立社会效益和生态环境效益的观念,走可持续发展的道路。

四、产品生命周期理论

（一）产品生命周期理论概述

产品生命周期理论最早是由美国经济学家雷蒙德·弗农提出来的。该理论的主要观点为,任何产品都有一个生命周期,通常可以将这一周期分为三个阶段,即技术创新阶段、技术扩散阶段、技术停滞阶段。处于不同阶段的产品,生产的优势区域也是不同的。

（二）产品生命周期理论在旅游中的应用

关于旅游地生命周期理论的起源,没有统一的说法,有的认为是 1939 年基尔伯特（E. Gilbert）的《英格兰岛屿与海滨疗养胜地的成长》一文中最早提出的;也有的认为是德国学者瓦尔特·克里斯塔勒在研究欧洲的旅游发展时,首先将产品生命周期理论运用到旅游中的。

当前,被学者们公认并广泛应用的旅游地生命周期理论是 1980 年由加拿大学者巴特勒（Butler）提出的。他在《旅游地生命周期概述》一文中,借用产品生命周期模式来描述旅游地的演进过程。他提出的旅游地的演化主要经历了探查阶段、参与阶段、发展阶段、巩固阶段、停滞阶段、衰落或复苏阶段这六个阶段。

第二章 我国体育旅游市场开发状况调查与发展探讨

体育旅游是近些年比较流行的一种旅游方式,已成为我国旅游业的一个新亮点。体育旅游以其独具魅力的价值获得了广大人民群众的青睐,成为新时代中国体育的新时尚。本章通过对影响人们参与体育旅游的因素、我国体育旅游资源的分布与开发现状及体育旅游市场开发状况进行分析,结合我国体育旅游市场发展中存在的问题,对我国体育旅游市场的可持续发展提出可靠建议,以推动我国体育旅游市场的持续发展。

第一节 影响人们参与体育旅游的因素分析

一、直接影响因素

人们自身的年龄、性别、文化程度等是影响其参加体育旅游的直接因素,这些因素对人们的体育旅游行为决策具有决定性影响。

(一)年龄

调查发现,不同年龄群体在体育旅游中存在明显的行为差异,消费需求存在很大的差距。不同年龄层次的人本身就是有差异的,如体现在生理、心理、生活方式等方面,这些差异也影响了不同年龄群体的体育旅游消费行为。

我国体育旅游市场的主体是中青年,中青年体力充沛,相对而言经济宽裕,而且有着强烈的求新、求奇、求知、求刺激的心理,所以对攀岩、蹦极、漂流、探险等激烈有趣、惊险刺激、富有对抗竞争性的活动项目非常感兴趣。

中老年人更多的是参与体育旅游健身活动,在这方面有浓厚的兴趣和较大的需求,他们主要选择徒步、游泳、登山、钓鱼等中小运动强度、娱乐性高的活动项目。

(二)性别

1. 体育旅游项目选择的性别差异

在体育旅游项目选择上能够看出人们参与体育旅游是有性别差异的,不同性别的旅游者在旅游项目选择上有明显的差异。

在观看或参加运动会、登山和野营等项目中,性别差异并不明显。在滑翔、滑雪、攀岩、漂流、远足等项目参与中,就能够明显看到男女之间的差异性,而在潜水、游泳、森林探险、民族体育等项目中也有显著的男女差异。

2. 体育旅游方式的性别差异

不同性别的体育旅游者在选择出游方式上所考虑的因素不同,因此体育旅游方式也反映了男女差异。

男性在选择出游方式时重视自由与方便,而女性对安全与方便更重视。女性相对于男性更追求安全,而男性较女性而言更注重活动方式的自由。总体而言,男性考虑的因素比较分散,而女性的关注点比较集中。

(三)文化程度

随着现代人文化水平的不断提高,大多数旅游项目的参与人数呈上升趋势,这作为一个基本特征已经充分反映在体育旅游领域了。不同文化水平的体育旅游者获取信息的渠道和方式是有差异的,所以面临的旅游影响因素也是有不同的。随着不同群体文化水平的提升,他们越来越深入地认识了体育旅游的概念和作用。一些文化群体还未参与过体育旅游活动,调查发现,他们不参与体育旅游的主要原因是不了解体育旅游。

文化水平较低者除此之外还受经济、兴趣等因素的影响较大,文化水平较高者受经济因素限制少,但时间不充足、不太了解体育旅游是制约其参加体育旅游的主要原因。

文化程度较高的人会采用很多渠道接受信息,能够将各种媒体资源充分利用起来获取自己需要的旅游信息。他们在整个旅游过程中比较能够得心应手,能够从内心深处享受旅游的乐趣、体验旅游的魅力。而文化程度低的人或家庭,相对来说并没有很多获取信息的渠道,依靠亲朋好友的口传和旅行社广告获取信息的较多,如果信息传达者不能客观评价旅游目的地,旅游者便会有无所适从的感觉。

二、间接影响因素

体育旅游的主体及体育旅游发展的核心动力都是体育旅游游客。研究发现,体育旅游不仅与体育旅游者的个人需要相关,而且与社会经济文化发展水平、体育旅游资源、市场开发、体育旅游产业管理和国家相关政策等现实因素也有很密切的关系,这也是影响人们参与体育旅游的间接因素。

(一)体育旅游产业相关政策

1. 体育旅游法规

近些年,体育旅游作为一种新兴的旅游形式在我国兴起,因为发展时间较短,所以相关法律法规还不够完善。目前来看,市场规范、体育旅游服务标准及各项管理制度等都没有达到统一的程度。

在体育旅游者看来,自己从事体育旅游是一种特殊的消费形式,而且这种消费是较高层次的,倘若这方面的相关法律法规还不够健全,无法充分保护与保障消费者的利益,他们便不是很看好这种消费,从而也会犹豫是否参与。

2. 管理体制

我国体育旅游的发展起步晚,还处于初级发展阶段,要将我国体育旅游业发展壮大,需要各相关部门及社会各行业集中力量和发挥各自的优势共同参与其中。各相关部门中发挥主体作用的是体育部门和旅游部门。但它们所拥有的权利毕竟不太全面,而且真正行使的权利也比较有限,管理也不够完善,相互之间不够协调,甚至为了各自的利益而恶性竞争,没有节制地开发资源,不惜以牺牲生态利益与人民的利益为代价,这样的现状不仅对体育旅游市场不利,而且对国家的发展及人民的生活也有很大的威胁。

体育旅游在我国是一个新兴产业,是国民经济的新增长点,但关于体育旅游产业的发展目标和总体规划,体育和旅游主管部门并未明确出台,有关体育旅游的管理办法也没有制定,现有的旅游规划中体育旅游相关政策还未纳入其中,这也是造成体育旅游开展形式单一、经营不规范、市场秩序混乱的主要原因。这些现状不仅阻碍了体育旅游资源开发和区域经济的合作,无法开发出更加多元的体育旅游项目和产品来吸引和满足旅游者,而且也影响了体育爱好者、旅游爱好者对体育旅游的兴趣与信任。

(二)体育旅游专业人才及市场成熟度

体育旅游专业人才紧缺,体育旅游市场成熟度低,这些是我国体育旅游产业目前面临的主要发展问题,这些问题导致这个行业的资源无法使体育旅游者的需求得到满足。

现阶段,我国体育旅游人才资源开发相当滞后,缺乏专业管理人员,因此服务质量有限,体育旅游消费者的需求还得不到满足。目前,各旅游景点基本上是临时从社会上招收待业人员来从事体育旅游服务工作,这些从业人员素质不高,缺少专业培训,上岗就业门槛低,无法在体育旅游管理、规划等工作中发挥大作用,而且大多数服务人员并没有完全了解体育旅游活动的作用、功能、方法和运动处方等,所以无法提供好的服务,这也会影响人们参与体育旅游。

（三）体育旅游资源开发

对体育旅游资源进行开发,国家在宏观层面上的调控作用至关重要,体育旅游资源开发中规划是否合理、开发是否有序、是否存在浪费资源、重复开发资源的问题等,直接和国家是否加强宏观调控及调控的力度有关系。此外,国家宏观调控对资源价值的提升也有重大影响。但当前来看,国家并没有充分发挥这方面的作用,从而造成了体育旅游资源开发无节制、单一资源重复开发、各类型资源开发失衡、旅游资源价值挖掘力度不够等问题。

由于政府有关部门没有充分发挥自身职能,且部门之间缺乏良好的合作机制,因此造成了体育旅游内容少、各地旅游资源没有显著特色等问题,这些都是体育旅游发展的重大瓶颈。而且,很多地方对体育旅游项目毫无目的地开发,在资源的使用上毫无节制,破坏了平衡,导致地方经济发展受制、生态环境恶化、人民生活受到严重影响。面临这些重大问题,需要政府进行宏观调控,对体育旅游经济效益和社会效益同步重视,不可过分偏颇一方,否则不利于地方体育旅游及社会经济的可持续发展。此外,体育旅游项目收费标准超出旅游者承受范围、旅游内容满足不了游客的需求等也是体育旅游资源开发中存在的主要问题,人们的体育旅游兴趣、动机及行为也因此而受到了严重的制约。

人们是否具有进行体育旅游的动机、是否会付诸行动等,会受到广泛的社会性因素的影响,而且因为每个人的文化程度、生活环境、经济条件等存在一定的差异,所以对他们的体育旅游行为影响最明显的因素也是不同的,也就是说同一种社会因素对不同人或对一个人在不同阶段的影响程度是有差别的。

对人们参与体育旅游具有直接影响的因素中,影响较大的有职业、收入、偏好及家人的意见,其中职业对体育旅游者的闲暇时间有很大的影响,家人的意见对旅游者的旅游决策有影响,同时对出游机会有控制性影响。体育旅游行为在某种程度上直接由社会经济因素决定,有的人可能因为经济条件有限,所以对一些需要收费的体育旅游项目没兴趣,而有的人经济条件好,因此对其来说收费较高的体育旅游项目也是会考虑的,可见兴趣因素的影响程度有时不及经济因素。鉴于这一方面的原因,深入调查体育旅游市场、了解人们的体育旅游需求、细分市场等都是进行体育旅游资源开发时必须认真做好的工作,只有做好这些前期准备工作,才能有计划有目的地开发可以满足市场需求的产品,利用这些产品去激发人们参与体育旅游的兴趣与行为积极性。

开发体育旅游市场,不可忽视对现代信息技术的利用,提高开发的准确性与效率,融入科技因素的旅游项目更易激发人们的参与热情与积极性。

此外,动机、意识等直接影响人们的体育旅游行为,因此体育旅游经营者也要想方设法从这些方面出发提升人们对体育旅游的兴趣与意识,使其在合理动机的激发下参与体育旅游实践。

第二节 我国体育旅游资源的分布与开发现状

一、我国体育旅游资源的分布

（一）开发潜力较大的旅游资源分布

1. 自然资源

（1）山体资源

我国拥有极其丰富的山体资源,这类资源在我国各地分布广泛,如北京的香山、灵山;山东的泰山、崂山;山西的恒山、五台山;湖南的衡山等。这些山体资源极具开发潜力,在体育旅游发展中可重点选择开发较为著名的山体资源。

(2)水资源

我国也同时拥有丰富的水资源,如江、河、湖、海、瀑布、泉等。以水资源闻名的风景区风景优美,一些泉水极具疗养价值与旅游价值。

我国水资源分布见表 2-1。

表 2-1　我国水资源分布

水体资源	分布区域
河流	长江三峡
	湖南:猛洞河 茅岩河 郴州东河等
	四川都江堰
	黑龙江:沾河 伊春河 汤旺河 黑龙江等
	广西:桂林山水 漓江 资江 五捧河 龙胜三江河 柳州融水贝江 宣州古龙河等
	新疆:叶尔羌河 塔里木河 和田河等
湖泊	北京十三陵水库 青海青海湖 云南洱海 江西鄱阳湖 江苏太湖等

续表

水体资源	分布区域
泉水	北京西山玉泉、小汤山温泉 山东济南泉群 江西庐山聪明泉 杭州西湖虎跑泉 广东从化温泉 西安骊山华清池等
瀑布	贵州黄果树瀑布 陕西、山西两省交界壶口瀑布 浙江雁荡山瀑布群 江西庐山瀑布群等
江海	山东金沙滩 河北北戴河 上海南汇滨海 辽宁大连金石滩等

（3）沙漠资源

我国丰富的沙漠资源为开发探险、极限挑战等体育旅游项目提供了良好的条件。在体育旅游资源方面非常重要的沙漠资源有内蒙古的科尔沁沙地、甘肃的敦煌玉门关、新疆的塔克拉玛干沙漠、陕西的榆林沙漠等。这些都是已经开发的旅游资源。

（4）溶洞资源

我国洞穴资源非常丰富，广西、贵州、云南、北京等省、市、直辖区是洞穴资源的主要分布地。目前已有 300 多处洞穴开放，较为著名的溶洞资源有辽宁的本溪水洞、广西桂林冠岩、重庆的武隆芙蓉洞等。这些洞穴的旅游价值得到了重视，因此被重点开发。

（5）生物资源

我国有丰富的生物资源，主要包括种子植物、陆栖脊椎动物。我国设立多个自然保护区来保护这些生物资源。著名的自然保护区见表 2-2。

表 2-2　我国著名自然保护区

地区	自然保护区
黑龙江	扎龙自然保护区
辽宁	蛇岛自然保护区
吉林	长白山自然保护区
湖南	张家界国家森林公园
云南	蝴蝶泉自然保护区
	西双版纳自然保护区
福建	鸳鸯溪保护区
	武夷山自然保护区
海南	琼山德东塞港自然保护区
江西省与青海	鸟岛自然保护区
四川	卧龙自然保护区
	鼎湖山自然保护区

2. 人文资源

石窟碑碣、帝王宫苑、园林建筑、名人故居等人文资源在我国都有广泛的分布,见表 2-3。

表 2-3　我国人文资源分布

人文资源分类	分布
古陵墓类	北京明十三陵
	浙江杭州市西湖以北的栖霞岭南岳飞墓
	陕西黄陵县黄帝陵
	陕西临潼秦始皇陵
	陕西兴平汉武帝茂陵
	陕西乾县梁山乾陵
	陕西礼泉县九宗山昭陵
	陕西霍去病墓等

续表

人文资源分类	分布
石窟寺类	山西大同云冈石窟
	河南洛阳龙门石窟
	甘肃敦煌石窟等
园林建筑类	北京故宫
	山东孔府
	四大名楼
	苏州园林等

（二）开发潜力较大的体育资源分布

1. 民族体育资源的分布

我国是多民族聚居的国家，各民族历史文化、风俗习惯、节日活动及体育活动都各有特色。在长期的发展中，这些民族孕育出了丰富的少数民族体育活动，从而为体育旅游的发展提供了丰富的资源。此外，各民族的民族风情、地域风光同样也是重要的独具特色的体育旅游资源，发展潜力巨大。

我国少数民族传统体育活动项目常见的有普米族的射弩、摔跤；基诺族的丢石头；藏族的射箭；布朗族的陀螺等。

2. 体育赛事资源的分布

第六次全国体育场地普查显示，截至 2013 年底，我国体育场地共有 169.46 万个，建筑面积 2.59 亿平方米，场地面积 19.92 亿平方米。我国能够承办国际型赛事的体育场馆较以往有所增加。体育场地、场馆是非常重要的体育赛事资源，为我国承办体育赛事提供了基本条件。

（三）开发潜力较大的体育旅游资源分布

我国北京、四川、广东、黑龙江、山东、内蒙古、上海等地都分布着大量极具开发潜力的体育旅游资源。下面主要分析北京、黑龙江、内蒙古的体育旅游资源分布情况。

1. 北京体育旅游资源分布

（1）自然资源

①土地资源

北京市的海坨山、白草畔、百花山、生存岛以及延庆康西草原等土地资源都可以开发成体育旅游项目。

②水体资源

北京水资源丰富，如三大河流、五大水系、五大水库等，见表2-4，这些资源都具有开发潜力，因此北京在发展体育旅游方面具有资源优势。

表 2-4　北京水体资源

水资源	分布
三大河流	温榆河
	永定河
	潮白河
五大水系	温榆河水系
	永定河水系
	潮白河水系
	洵河水系
	拒马河水系
五大水库	怀柔水库
	密云水库
	官厅水库
	海子水库
	十三陵水库

③花木资源

北京植被覆盖率很高，可以开展观赏类体育旅游活动，如北京香山每年都会有很多游客去观赏枫叶。

（2）人文资源

①乐园资源

北京市有众多游乐园、滑雪场、大型体育场馆、度假村等，这些都是开发体育旅游项目的重要资源条件。

②节庆资源

北京每逢庙会时，太极拳（扇）、扭秧歌等体育项目表演活动十分精彩，这些节日习俗是体育旅游资源的主要开发对象。

2. 黑龙江省体育旅游资源分布

（1）自然资源

①山体资源

黑龙江省山体资源丰富，在开发攀岩、登山、狩猎、滑雪等体育旅游活动方面具有得天独厚的先天条件。

②水体资源

黑龙江省水系发达，适合开发的水上体育旅游项目有划船、垂钓、游湖等。

（2）人文资源

①空中资源

以二龙山为代表，溜索、高山滑道、滑翔伞等很多体育活动目前已经被开发出来，深受游客喜爱。

②节庆资源

见表 2-5。

表 2-5　黑龙江省节庆旅游资源

分类	节庆活动
商贸节庆	哈尔滨国际啤酒节
	中国哈尔滨经济贸易洽谈会

续表

分类	节庆活动
民俗节庆	中国黑龙江火山旅游节
	黑龙江五花山观赏节
	五大连池饮水节
	漠河夏至节
	方正莲花节
	木兰滚冰节
	齐齐哈尔观鹤节
	黑龙江森林生态旅游节
	镜泊湖金秋节
文化艺术节庆	阿城金源文化节
	哈尔滨之夏音乐会

（3）民族体育资源

黑龙江省分布着很多少数民族，如满族、朝鲜族、蒙古族、鄂伦春族、鄂温克族等。这些少数民族在长期的历史中形成了丰富的传统体育项目，开发这些项目有利于推动黑龙江体育旅游的发展。

（4）体育赛事资源

黑龙江经常举办形式丰富、规模巨大的冰雪项目比赛。

3. 内蒙古自治区体育旅游资源

（1）自然资源

内蒙古自治区有丰富的草原、森林等自然资源，开发旅游项目的潜力巨大。

（2）人文资源

内蒙古自治区的宁城热水汤、洞金山卧佛、辽中京大明塔、岱海遗址、明长城、老虎山聚落、小板升汉墓壁画等人文资源都能够用来开发体育旅游项目。

（3）民族体育活动资源

内蒙古自治区分布着众多少数民族,民族传统运动项目丰富,而且各民族都有独具特色的风俗节庆活动,所以可将此作为突破点来发展当地体育旅游。

（4）传统体育项目资源

开发内蒙古自治区传统体育项目可大力推动体育旅游业发展,该地分布的传统体育项目见表2-6。

表2-6　内蒙古自治区传统体育项目分布

体育项目	分布
草原骑马	加各达奇
	陈巴尔虎左旗
	鄂温克族自治旗
	根河
	通辽
狩猎、斗马	鄂伦春自治旗
	巴彦浩特镇
套马	通辽
	锡林郭勒盟
	鄂温克族自治旗
雪地颠马	鄂温克族自治旗
	鄂伦春自治旗
踢毛毽	呼和浩特市
	乌海市
布鲁	锡林浩特市
	鄂尔多斯
射弩	锡林郭勒盟
	呼伦贝尔
爬犁	鄂温克族自治旗
	鄂伦春自治旗

续表

体育项目	分布
滑沙	鄂尔多斯
	阿拉善右旗
	额济纳旗
	腾格里鄂里斯
驼球	阿拉善右旗
中国式摔跤	锡林郭勒盟
抢枢	鄂温克族自治旗
雪地叠罗汉	锡林郭勒盟
	鄂温克族自治旗
雪地摩托车	满洲里市
	额尔古纳右旗
博克	锡林郭勒盟阿巴嘎旗
布龙	鄂托克旗
滑草	根河
	新巴尔虎左旗
	新巴尔虎右旗
	八大关牧场
漂流探险	阿尔山
	巴彦浩特镇
	通辽
原始森林探幽	阿尔山
	大兴安岭
	小兴安岭
	莫尔道嘎
那达慕	呼伦贝尔
	鄂温克族自治旗
	锡林浩特市
	巴彦淖尔乌拉特前旗

续表

体育项目	分布
滑雪、滑冰	呼伦贝尔
	阿尔山
蒙古象棋	阿右旗额肯呼都格镇
	鄂尔多斯
	额济纳旗
曲棍球	鄂温克族自治旗
	莫力达瓦达斡尔族自治旗

二、我国体育旅游资源开发的重要意义

(一)体育旅游经济发展的重要手段

旅游业是经济事业,经济性较强;旅游业同时也是文化事业,文化性较强。所以说旅游业是经济事业、文化事业的重要组成部分,具有突出的文化性、文化性较强。体育旅游业是旅游业的一部分,因此也具有同样的性质与特征。当前我国各地重视发展体育旅游业,主要是因为这一行业能够带来经济收入,经济效益非常可观。

旅游业从产生到现在先后经历了以下几种发展模式。

第一,以自然资源作依托、交通运输促进发展的模式。

第二,以都市娱乐文化为代表的发展模式。

第三,以模拟主题公园为代表的发展模式。

第四,以独具特色的文化资源为依托的发展模式。

最后一个模式的发展与人类不断形成与提高的生态环境意识有关,具有生态关怀的特征,中华民族的传统文化与各地的特色文化为这一模式的旅游业的持续发展提供了重要条件,而且其与民族、国家的经济命运密切相关。因此,要提高体育旅游的经济发展水平,就要对丰富多彩的体育旅游文化资源进行开发。

（二）体育旅游产业发展的关键环节

旅游业的发展离不开旅游的核心——文化，这既是原动力，也是关键因素。现代人的生活方式、旅游思想已随着经济的发展和生活水平的提高而有了明显的转变，因此在旅游方面的需求也越来越多元，表现在体育旅游上就是增强体质、愉悦身心、开阔眼界、享受自然、锻炼意志等，正因为有这些方面的强烈需求，才为开发体育旅游资源与市场提供了良好的条件，也对体育旅游业的发展起到了重要的刺激作用。体育旅游文化资源在体育旅游的各环节中都有鲜明的体现，其意义重大，具体如下。

（1）体育旅游资源丰富独特，魅力无穷，为丰富体育旅游文化内涵提供了基础条件。

（2）丰富多彩的体育旅游资源对广大体育爱好者与旅游爱好者有很强的吸引力。

（3）不同的体育旅游资源能满足不同旅游者的需求，刺激旅游者从事旅游活动。

（4）不断对旅游爱好者的旅游动机进行激发，使旅游者不断地参与新的旅游项目中。

综上来看，体育旅游资源激发体育旅游者的动机，并使其付诸旅游行动，满足需求，并刺激新的更高层次的需求，这是体育旅游业不断发展的动力。

（三）体育旅游业可持续发展的重要内容

旅游资源是旅游文化的载体，也是社会文化资源的重要组成部分。在一定的自然条件与环境下，且伴随着社会文化的发展与文明的进步形成了具有文化内涵的丰富多彩的旅游资源。人文类旅游资源属于文化范畴，见证了人类文明的进步。不管是有形的旅游资源，如历史古迹，还是无形的旅游资源，如民俗风情等均是如此。旅游者从事旅游活动，为了满足较高层次的需求——追求文化享受，而对体育旅游资源进行挖掘与开发，是推动体育旅游产业发展的重要力量。在开发各地体育旅游资源的过程中,应对潜在消费者的需求及其所在地的文化特征进行深入调查与分析,然后依托各地优势开发资源,充分反映出本地的优势和资源的特殊性,与其他地区的体育旅游资源形成对比,彰显不同,从而吸引客源,这对地方体育旅游业的可持续发展具有重要意义。

有些地方在开发体育旅游资源时只看到眼前的经济利益,而对旅游地的长远发展不重视,毫无节制地开发资源只会造成资源的重复性高、缺乏特色,没有特色的旅游资源与项目很难吸引客源,也对当地生态环境发展不利,这是违背可持续发展观的。

（四）社会精神文明建设的重要途径

体育旅游能够满足旅游者娱乐身心的需求,对促进社会主义精神文明建设具有重要意义,这主要是因为体育旅游资源种类多样、内容丰富。

（1）愉悦身心的需求可以从观赏类和参与类体育旅游活动中得到满足。

（2）体育活动的参与方式基本上有约定性和统一性,竞赛规则更是有特定性,人们参与各种体育活动,都要遵守社会规则和道德准则,这对个人行为具有规范与约束作用。

（3）体育旅游中旅游者之间的交流、互动与合作有利于促进人际关系的和谐,从而营造和谐的社会氛围。

（4）竞赛类体育旅游活动能够促进旅游者集体主义精神和荣誉感的提升。

三、我国体育旅游资源的开发现状

（一）体育旅游市场需求量较大

自我国大力推广法定节假日以来,假期旅游者的数量不断增加,家庭集体出游越来越普遍。不同性别的体育旅游群体有不同的体育旅游需要,随着市场需求的变化,人们对探险、登山、野营、滑雪等活动的青睐度不断提高。不同文化素养的群体在接受体育旅游方面也有程度差异,文化素养较高的人参与的集体体育旅游项目相对更多一些。此外,年龄、职业也会影响人们对体育旅游资源的需要,但总体来说,我国体育旅游市场需求量与日俱增,这对体育旅游市场开发及可持续发展来说是一个很好的刺激。

(二)对体育旅游资源开发的理解有限,服务质量低

体育旅游中同时兼有的旅游价值就是一般旅游价值,如观光、生态与文化价值等。现在,体育旅游参与者虽然在不断增加,但是大众对体育旅游资源并没有深入认识,对体育旅游资源的利用率也较低,可持续循环利用意识较差。只有充分开发体育旅游资源的生态文化等价值,才能最大限度地激发体育旅游业的创造力。要想将旅游资源充分利用起来,首先要从根本上认识体育旅游资源开发,加强宣传,在提高参与度和可持续性的基础上进行更好的开发。

现在,我国大部分体育旅游项目区工作人员的服务意识、质量整体来说比较低,导致游客在体育旅游中无法获得好的享受,也无法对体育旅游资源的强大生命力进行体会,游客的二次消费动机难以被激发出来,因此必须提高工作人员的服务意识,提高游客对体育旅游的参与度,从而促进体育旅游资源的可持续开发。

(三)体育旅游资源开发的安全保障体制不健全

在体育旅游资源开发中,安全问题至关重要,由于现在社会事故频发,而体育旅游者参与程度较高,特别是国家法定节假日出行的人数大量增长,增加了交通压力,同时也带来了交通事故,这也是游客出行非常担心的事。再加上很多体育旅游资源本身就带有危险性,所以游客的安全无法得到充分保障。

体育旅游开发者必须高度重视体育旅游资源开发中的安全体制,只有制订出更健全的安全体制,才能进一步扩大体育旅游资源开发的空间与市场。

四、我国体育旅游资源的开发渠道

（一）发挥各地自然资源优势

以东三省为例，吉林、黑龙江和辽宁冰雪资源可谓一绝，它们在开发冰雪旅游项目、发展冰雪旅游产业方面具有的优势是其他地区不可比拟的。这些地区已经开发的体育旅游项目中冰雪旅游项目占多数，如滑雪、拉雪橇、人工冰雕等，这些体育旅游项目的开发为当地创造了可观的效益，包括经济效益和社会效益。哈尔滨更是对丰富的冰雪旅游资源进行了具有创造性、创新性的开发，打造了很多高端体育旅游项目，如滑雪旅游社区、冰雪作品大展览等，这些旅游项目极具特色，对当地及周边体育旅游的发展都起到了积极的带动作用。

（二）利用丰富的赛事资源

在各类体育旅游资源中，体育赛事资源的宣传作用一直都很强，而且极具开发意义。举办大型体育赛事不但对旅游地体育旅游硬件的发展有意义，而且能使赛事举办地的旅游形象整体上更加美观，知名度更大，进而通过旅游带动当地经济发展。体育旅游赛事资源对赛事举办地的积极影响不仅表现在经济效益上，还有各种良好的附加效应，社会效益也十分可观。

（三）构建体育主题公园

以杭州富阳地区旅游运动休闲新城主题公园为代表，该主题公园在"三位一体"理念指导下对多种类型的旅游产品进行了开发，具体涉及水上体育旅游、陆上体育旅游和空中体育旅游，该公园还依靠国家体育产业基地寻求新发展，并积极拓展对本地体育旅游进行宣传与推广的多元路径，因而被评为"国家运动体育旅游休闲示范城"。

第三节　我国体育旅游市场发展的现状分析

一、体育旅游设施不完善

接待体育旅游者,体育旅游设施是最基本的物质设备条件。体育旅游设施包括旅游交通工具和设备、旅游宾馆、旅游饭店、供应旅游商品的商店、供旅游者运动和娱乐的设施以及满足旅游者不同需要和爱好的各种设施。具体来说,滑雪板、缆车、滑雪服装和急救设备是滑雪旅游的必备旅游设施;划水板、划艇、救生艇、摩托艇、急救车等是水上运动的必备旅游设施,这些设施都是接待游客的必备条件。体育旅游市场开发的程度反映在体育旅游设施是否齐全、服务是否周到等方面,设施齐全、服务周到是体育旅游市场发展的硬件条件,但目前来看,我国在这方面远远不及先进国家。

二、体育旅游资源开发利用程度不够

我国体育旅游业还处于起步阶段,规模较小,还有很多没有开发的体育旅游资源,目前已开发的体育旅游项目较为单一,生命周期短,而且体育旅游资源本来就有限,再加上利用不充分,所以开发利用程度较弱。

我国体育场所和体育设施较少,大部分属于各系统,很少向市场和社会开放。同时,很多体育旅游经营者向市场推出高档次、高规格、高价位的"三高"体育旅游产品,市场定位不准确,存在明显贵族化倾向,没有认识到工薪阶层与学生在我国体育旅游市场中的重要性,没有形成面向这些群体而服务的经营理念。

此外,我国体育旅行社少、体育旅游专业人才少、体育旅游产品少等供给类因素也对我国体育旅游市场需求产生了影响。

三、居民收入水平较低，体育旅游需求不足

我国同发达国家相比，居民恩格尔系数较高，在居民日常消费中，占主要位置的依然是基本食物，我国经济发展存在明显的地区差异、城乡差距，因此我国东部地区和各大城市中的体育旅游消费人口在我国体育旅游消费人口中占多数，这就决定了我国体育旅游消费水平较低。当前，我国正处于社会主义市场经济转型期，各项社会保障制度有待完善，未来经济发展有很大的不确定性，人们的消费预期增加。体育旅游，尤其是漂流、蹦极、探险等刺激类体育旅游项目与其他形式旅游相比，易发生事故，出现人身伤害，再加上管理法规、措施还未完善，所以这成为人们参加体育旅游的一个主要制约因素。

四、体育旅游产品结构单一、形式老化

随着国际客流的增加、游客自主意识的增强及体育旅游需求层次的提高，我国体育旅游产品供给不足的矛盾越来越突出，整体来说是被动的和力不从心的。包价形式的体育旅游产品长期以来无法满足不同年龄体育旅游群体的需求。另外，体育旅游产品质量问题也十分突出，有关部门应重视起来。

五、缺乏体育旅游政策扶持

我国体育旅游起步晚，目前我国还没有出台有关体育旅游的法规政策，还没有明确体育旅游归口管理部门，政府部门也没有充分重视体育旅游资源开发的经济效益。体育旅游资源开发缺乏优惠政策扶持导致我国体育旅游发展资金不足，体育旅游发展的需求得不到满足，经费短缺对体育旅游资源开发、体育人才培训、体育旅游宣传营销等方面来说都是一个致命的瓶颈。

第四节 我国体育旅游市场的可持续发展

一、构建体育旅游市场体系培育模式

对目标市场的选择和确定是市场培育的第一步,在此基础上体育旅游产业的相关参与人员要充分发挥自身作用,加强协作,共同推动体育旅游市场的发展,促进体育旅游业在经济、社会和环境等各方面效益的有效提升。体育旅游市场体系培育模式如图 2-1 所示。

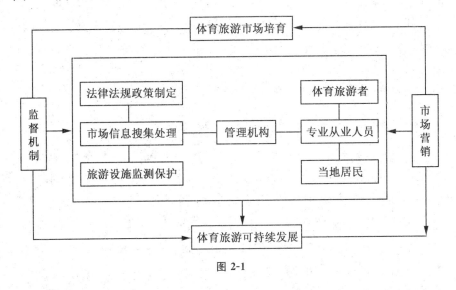

图 2-1

二、加强规范管理,开展积极的产业导向

开发体育旅游市场,需严格加强规范管理,具体落实中要重视以下工作的开展。

首先,根据我国体育旅游发展的特点、现状及趋势对体育旅游管理系统进行构建,采取有效的管理手段使体育旅游业在优良的环境下不断发展壮大,实现可持续发展目标,并不断向世界体育旅游发达国家靠拢。

其次,制定适合我国体育旅游资源特征的资源开发准则,不断充实与完善规则体系,提高我国体育旅游资源开发的科学性与实效性,维护体育旅游发展秩序。

再次,对体育旅游经营者、体育旅游消费者及体育旅游产品都要用相关法律手段进行严格监督与全方位管理,从而有力保障体育旅游经营者的经营行为恰当、体育旅游消费者的消费行为合理以及体育旅游产品的质量良好。

最后,先将有开展体育旅游经验的一批旅行社作为重点对象重视起来,政府要加强宏观调控,给予政策支持,这批旅行社要利用自己的影响力扩大对体育旅游的推广与宣传,并与体育俱乐部等有关单位建立合作机制,各自发挥自身优势,不断扩大体育旅游在社会上的影响力,为体育旅游的发展营造良好的环境与氛围。

三、做好规划,加强部门合作

体育旅游的发展离开体育部门与旅游部门中的任何一个部门都不可能成为现实,这两个部门在体育旅游业的发展中都发挥着举足轻重且不可替代的作用,要进一步推动体育旅游业的优化发展,必须发挥这两个部门的优势并协调合作。

体育旅游是旅游的重要组成部分,也是比较特殊的一种旅游类型,因为与体育活动紧密相连,所以对体育场地设施与器材设备有较高的要求,保障体育旅游者的安全关键是要确保这些物质资源符合规定,满足要求,达到标准,且没有安全隐患。因此,在体育旅游安全管理方面体育部门与旅游部门都要重视对这些物质资源的管理。

旅游部门遍布全国,利用这个优势可将体育旅游推广到全国各地,使更多的人了解体育旅游并参与其中。另外,旅游部门也应积极配合,成立专门的体育旅行社,向体育旅游消费者提供专业的优质的服务,促进体育业和旅游业双赢。

四、细分体育旅游市场

旅游需求因人而异,体育旅游的需求同样如此,人与人之间是存在个体差异的,这就决定了旅游需求上的差异。每个人的体育旅游需求处于一个什么样的层次,与其文化水平、职业、经济条件等都有很大的关系。

因为个体因素的不同,所以体育旅游也形成了不同的层次,按照不同的需求层次可以将体育旅游市场划分为不同的类型。每个类型的体育旅游市场对应的受众不同,在了解不同层次体育旅游者实际需求的基础上对各层次市场进行有针对性的个性化开发,能够使不同需求的旅游者都在旅游中获得美好的体验。

五、加大宣传营销力度

任何一个行业的发展都离不开宣传,宣传营销环节是否做到位,在某种程度上对行业的发展具有决定性的影响。发展体育旅游同样不能忽视宣传的重要作用。旅游部门在推出体育旅游项目及产品时,若想让更多的人知道这个项目或新产品,然后做出消费行为,就必须采取各种有效的渠道对此进行宣传,这是营销的重要手段。

宣传体育旅游项目与产品时,可以用传统媒介,也可以用新媒介,要充分认识到不同媒介的优势与作用,然后有效利用各种媒介加大宣传力度,扩大宣传范围,从而提升宣传内容的影响力,激发潜在消费者的购买意识,引导消费者的消费行为。

六、培养专业人才

旅游行业的发展需要各种各样的人才,这些人才首先要具备旅游方面的知识、能力、经验与技巧;其次应该具备自己所从事的具体旅游项目的专业知识,如体育旅游业不仅要求从业者具备良好的旅游专业知识,同时要具备丰富的体育相关知识与技能,这也说明体育旅游具有很强的专业性,并不是一般的旅游人才就能胜任的。有些体育旅游项目还存在风险,这就对从业者提出了更高的要求。

体育旅游专业人才短缺是现阶段制约我国体育旅游业发展的一个重要因素,培育体育旅游人才,关键要利用高校教育资源来培养,但我国各类高校中体育旅游专业的开设还没有达到普遍的程度,这与体育旅游发展水平较低有关。体育旅游与体育旅游人才培养是相辅相成的,体育旅游人才在体育旅游发展中发挥着至关重要的作用,同时体育旅游业的发展水平也直接影响体育旅游人才的培养。现在我国体育旅游产业发展较弱,影响力还不够大,所以还未得到重视,自然也不会专门培养这方面的人才。对此,必须采取有效策略,大力发展体育旅游产业,扩大体育旅游市场,在就业需求的刺激下提高高校开设体育旅游专业的力度,培养优秀的体育旅游人才为我国体育旅游业的发展做贡献。

第三章　体育旅游市场开发的过程及其系统分析

市场是商品经济发展的产物,体育旅游市场是在商品经济条件下随着体育旅游活动发展而形成的旅游产品和服务交易场所。体育旅游市场的开发对于促进我国体育旅游事业发展、体育事业发展具有非常大的促进作用。从经济学角度来说,体育旅游市场是商品市场的重要一种;从体育和旅游学角度来说,体育旅游市场发展应遵循体育和旅游发展的基本规律,在合理开发和利用体育与旅游资源的基础上实现可持续发展。本章重点将对体育旅游市场的开发过程及其系统进行详细分析。

第一节　体育旅游市场细分

一、体育旅游市场细分的概念

市场细分,又称市场分割,是市场经营主体——企业,辨别具有不同消费需求和欲望的消费者,并结合不同消费者采取相应市场活动的过程。

体育旅游市场细分,是指体育旅游企业对体育旅游消费者进行分析,将属于某一整体客源市场的旅游者,按一种或几种因素进行分类并形成不同特点的各个子市场的活动。①

在体育旅游市场的发展过程中,细分体育旅游市场,是不以体育旅游市场企业的经营、管理者的个人意志为转移的,体育旅游各个细分市场是客观存在的,企业的各种经营、管理决策和行

---

① 柳伯力,陶宇平. 体育旅游导论[M]. 北京:人民体育出版社,2003.

为要以细分市场的消费者需求为依据开展。由此可见体育旅游企业的市场细分的重要性。

体育旅游企业的市场细分包括以下三方面的含义。

（一）不同细分市场的消费特征不同

在市场经济中，不同的产品和服务具有不同的细分市场，不同细分市场具有不同的消费特征，体育旅游业的细分市场也不例外，市场不同消费特征也不同。

就体育旅游业不同的细分市场来说，不同的细分市场代表不同的体育旅游消费者组群，消费者组群之所以不同，是因为不同类型的消费者的消费需求不同，如此，才形成了不同类型的消费者群体，进而形成了不同类型的消费者市场。

在体育旅游市场中，企业对市场进行细分，是因为不同消费者对旅游产品质量、价格的要求不同，故而需要对产品、价格进行差异化区分，如此才能占据更多市场，提高竞争力。

（二）同一细分市场的消费特征相同

市场细分，这里的"分"，即是对市场的差异化进行划分，也是对市场的相同进行划分，一个细分市场包括许多类似的消费者，同时与其他细分市场的消费者有着区别。

在一个具体的细分市场中，消费者群体具有相类似的消费喜好、消费需求、消费条件等，尽管每一个消费者的具体消费喜好、需求、条件不同，但是，体育旅游市场企业依然可以对同一个细分市场的消费者设计相同的产品与服务，实施相同的营销策略，以满足消费者需求。

（三）市场细分是分解与聚合的统一

体育旅游企业对市场进行细分，不是简单地分解客源市场，而是对市场的分解与聚合。

具体来说，体育旅游企业结合市场细分因素，将客源市场上的不同消费需求的旅游者群体归类,实现对体育旅游市场的分解。然后,体育旅游企业再对体育旅游市场上对本企业的产品和服务有积极反应的消费者群体进行集合分类,归纳这些消费群体的特点,并有针对性地设计产品和服务、实施营销,以实现自身的体育旅游市场规模的不断扩大,完成对体育旅游市场的整合。

二、体育旅游市场细分的作用

(一)便于确定经营总方针

在商品市场竞争中,经营总方针的确定,对于企业的生存和发展是非常重要的。企业经营总方针主要考虑以下问题,即企业提供什么产品或服务? 企业的服务标准和重点是什么? 企业的市场发展目标和方向是什么?

对于体育旅游市场中的企业来说,总的经营方针和策略是其经营战略与策略决策的集中体现,是当前和未来所有经营决策和行为的基础。体育旅游市场中的企业的产品生产和服务方向的确定,是接下来进行科学市场细分的重要基础。

(二)有利于寻找市场机会

体育旅游业是一个新兴产业,市场发展前景广阔,市场竞争激烈,每一个积极入市的企业都想要在市场竞争中站稳脚跟并不断扩大市场。对此,必须要做好市场细分,如此才能为市场竞争决策提供依据,才能更好地把握市场机会,抢占市场竞争优势。科学的市场细分可以帮助体育旅游业从众多的市场机会中,选择适应本企业资源潜力的最佳市场机会。

在体育旅游市场中,对于企业来说,其所面对的整个体育旅游市场环境、细分市场特征和规模等,并不是一成不变的,而是处于动态的发展变化中。具体来说,消费者的需求是不断变化的,在不同的时期会表现出不同的特点,对于企业来说,能够准确地预知消费者未来市场需求,就能提前把握市场竞争机会。

　　从我国体育旅游市场发展来说,我国体育旅游消费者的需求
变化就是我国体育旅游市场中的各企业在进行市场细分中必须
要考虑的因素,如果企业能及早发现体育旅游市场方向的变化,
就能在体育旅游市场竞争中,提前准备好相应的体育旅游产品和
服务,并做好体育旅游市场宣传,与体育旅游消费者的需求"一拍
即合",从而赢得更多的消费者市场,也就自然能提高体育旅游产
业的市场竞争优势。例如,在我国 2022 冬奥会申请与筹备的过
程中,与其他旅游产业相比,体育冰雪旅游具有明显的市场优势,
在近期和未来一段时间内,冰雪旅游必然比其他旅游项目占据更
多的市场份额。以细分领域滑雪为例,万科滑雪事业部发布的
《2018 中国滑雪产业白皮书》显示,2018 年国内滑雪人口已经达
到 2113 万人次,同比 2017 年的 1847 万人次增长了 14.4%(图 3-
1)。北京—张家口将举办 2022 年冬季奥运会,我国体育旅游市
场中的冰雪旅游将迎来一个发展高峰,对此,就要切合市场发展,
增加冰雪旅游产品和服务,抓住冬奥会的契机扩大市场规模。

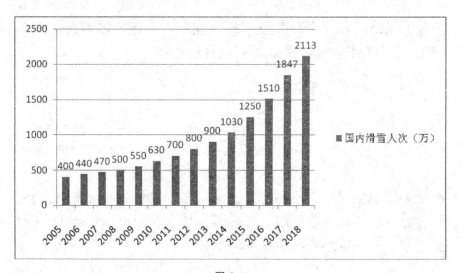

图 3-1

　　需要特别指出的是,某一方面的相对优势,并不一定是绝对
优势。体育旅游市场中的市场机会众多,这些市场机会是不是对
本企业有利,需要做好市场判断,不能盲目入市,发现市场机会并

不意味着就能抓住市场机会,能否抓住市场机会,还与企业的资源的潜力、市场的适应性和市场的选择性等诸多因素有关。

(三)有利于制订市场策略

现阶段,体育旅游市场已经从卖方市场转为买方市场,对于这种转变,体育旅游企业要证实自己在市场竞争中的优势和劣势,以细分市场为导向,科学决策。

当前,在体育旅游产业发展的买方市场的背景下,体育旅游市场竞争激烈。在这种市场环境下,体育旅游业通过市场细分可发现目标群体的需求特点,从而依据目标市场需求调整产品和服务的内容、结构、方向等,以满足细分市场需求,同时提高经营效益。

三、体育旅游市场细分的要求

(一)可衡量性

进行体育旅游市场细分时,用于细分市场的标准和各个因素必须是可以衡量的,换句话说,在体育旅游市场细分的过程中,企业必须充分了解和认识到,体育旅游者对体育旅游产品的需求偏好具有明显的特征,这些特征是可测定的。

(二)适度规模

对体育旅游市场进行细分之后,体育旅游经营企业应找准自己企业的细分市场,并着手进行细分市场的开发,那么这一细分市场是否具有开发价值,需要慎重思考。

一个细分市场是否具有经营价值,主要取决于这个市场的规模、消费水平以及体育旅游业的经营能力。在当前我国体育旅游市场环境稳定、体育旅游消费者消费水平稳定的情况下,在体育旅游市场中,对于企业而言,一个细分市场是否具有开发价值与该细分市场的规模有关。细分市场不能过大,也不能过小。细分市场规模过大,企业可能无法有效地集中营销力量,开展经营活动;细分市场规模过小,企业可能发挥不出资源优势,扩大经营规模。

在体育旅游市场细分过程中,企业要根据自身的实际情况和能力确定细分市场规模。

（三）发展潜力

市场竞争中,企业要想得到发展,必须要将眼前利益和长远利益结合起来,体育旅游市场竞争企业的生存和发展也要充分考虑眼前利益和长期利益。

因此,体育旅游业在市场细分时,必须考虑所选择的细分市场的状态以及需求发展阶段。如果所选择细分市场已发展成熟,不具有长期发展潜力,那么,选择该细分市场后企业的经营风险将会增加,是不利于企业长期发展的。

四、体育旅游市场细分的程序

（一）确定企业的市场经营范围

一个企业在市场竞争中要站稳脚跟,首先要确定企业的经营领域与经营战略目标,之后,就要结合企业的经营领域和目标确定市场经营范围。

企业经营范围,具体是指企业的产品和服务所服务的消费者群体范围,在体育旅游市场竞争中,体育旅游经营企业经营的市场范围是体育旅游市场细分的基础和前提。在进行体育旅游市场细分时,体育旅游企业可围绕自身经营的市场范围进行市场细分,分析消费者的消费特点与动向,以整体相应资源开展经营。

（二）确定市场细分因素与标准

科学确定细分的因素与细分标准,是体育旅游市场细分的关键环节。具体来说,体育旅游市场细分因素与细分标准的确定,是企业进行细分市场划分的前提。

在确定体育旅游市场细分因素与标准时,企业应通过分析不同的体育旅游需求特征,进一步确定市场细分标准。

(三)确定所选细分市场的名称

体育旅游企业进行市场细分,可根据各个细分市场体育旅游需求的典型特征,利用形象化的语言确定细分市场名称,以便于在日后经营决策中,能始终抓住细分市场主要特点,并结合细分市场特点科学决策和实施经营策略。

(四)分析细分市场的经营机会

根据细分因素与细分标准对市场进行细分之后,体育旅游企业要分析所有细分市场的经营机会。这样做的目的就是判断细分市场是否具有经营价值,能否为企业发展创造利益。

通常来说,细分市场的经营机会与其需求规模呈正比例关系、与竞争强度呈反比例关系,即需求规模越大,经营机会越大;竞争强度越弱,经营机会越好。应综合考虑。

五、体育旅游市场细分的标准

进行体育旅游市场细分,要准确把握体育旅游消费者的体育旅游需求的差异性,这就需要企业要明确体育旅游消费者的需求的差异性具体按什么标准细分。

当前,体育旅游市场细分的标准有地理标准、人口标准与心理行为标准共三类(图3-2)。各不同的体育旅游企业可根据自身经营目标、经营市场范围、经营规模等来确定细分的标准。

(一)地理标准

体育旅游市场细分中,地理标准是最常用的一个标准,具体是指体育旅游相关经营企业根据地理因素对客源市场进行细分,将目标消费者和潜在消费者根据地理区域进行划分。

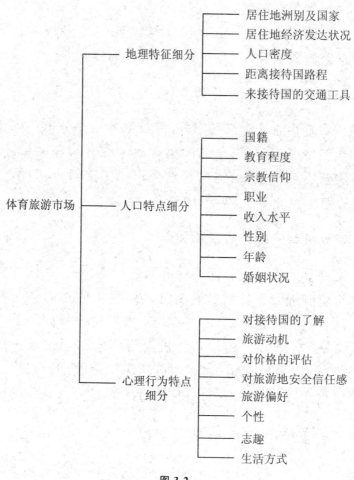

图 3-2

　　自然条件、政治、经济和文化会直接影响区域内的消费习惯、方式、需求等的差异化。来自不同地理区域的体育旅游消费者的自然地理环境、经济水平、文化状况等会使体育旅游消费者表现出明显的地区差异。

　　因此,对于规模较大的体育旅游企业来说,其接待的来自全国或者世界各地的体育旅游消费者众多,因此,在体育旅游市场中,根据体育旅游者的国别、地区和城市,对消费者进行地理位置的区分是非常常见的,具有以下优点。

　　(1)有助于体育旅游企业最快速地把握不同区域的体育旅游消费者的特征与习惯。

（2）有助于体育旅游企业研究不同区域的体育旅游消费者的需求特点、需求总量、需求水平和需求方向。

（3）有利于体育旅游企业针对不同区域的体育旅游消费者的特点经营、营销。

根据地理标准进行体育旅游市场细分,应充分考虑市场密度,明确细分市场的区域总人口、经济发展水平、体育文化等。

（二）人口标准

体育旅游市场的消费者是人,人是构成体育旅游市场的基本因素,因此人口的特征研究对于体育旅游企业的市场细分来说也具有重要的参考价值,根据人口特征对体育旅游市场进行细分,就是体育旅游市场细分的人口标准。

根据人口标准对体育旅游市场进行细分,应考虑人口的以下因素:总人口(研究特定区域内的总人口);人口自然状态(人口的地理分布、年龄结构、性别结构、家庭结构);人口社会构成(人口的民族、宗教、教育、职业、阶层、经济、收入构成等)。

不同自然状态和社会构成下的人的体育旅游需求的具体规模、时间、地区投向、体育运动内容倾向、消费水平高低等方面会有明显的差异,因此按照人口标准进行体育旅游市场细分是非常必要的,有助于体育旅游经营企业结合消费者需求差异,根据企业的特点和优势,准确选择目标市场。

（三）心理行为标准

当前社会,体育旅游消费者诸多,针对同一地理因素、相似人口因素的体育消费群体,可以结合不同体育旅游消费者的心理行为标准进行体育旅游市场细分。

具体来说,不同的体育旅游消费者的体育旅游动机、生活方式和个性特征不同,因此,他们对于体育旅游产品(或服务)的爱好以及态度也不同,可能形成不同的体育旅游市场。

以城市居民的体育旅游心理分析来看,影响城乡居民体育旅游的两个重要因素是旅游兴趣、旅游安全考虑。城乡居民并非对体育旅游有兴趣,而且在一定程度上体育旅游项目的危险性也不能成为影响他们参与体育旅游的主要客观因素。因此从总体上看,影响城乡居民参与体育旅游的诸多客观因素中,不了解、经济限制和时间有限是最主要的因素,而兴趣和项目的危险性也对人们的体育旅游行为造成了一定程度的限制与制约。因此,结合城市居民特点,体育旅游经营企业在扩大市场过程中,应重视城镇居民的体育旅游兴趣激发,加大热点、品牌、差异性宣传,针对具有危险性的体育活动内容应及时为体育旅游消费者提供安全信息,消除体育旅游消费者对体育旅游的安全顾虑。

体育旅游经营企业根据消费者的心理行为标准细分市场,可以从人们心理活动所形成的旅游的动机、类型、方式、频率、价格喜好、品牌选择等,确定各细分市场的营销策略。

第二节　体育旅游目标市场的选择

一、体育旅游目标市场的选择依据

(一)市场规模

市场规模是影响体育旅游企业选择目标市场的重要因素,体育旅游市场规模,是对体育旅游的每个细分市场的现实客源量与未来客源量的判定。体育旅游业目标市场的客源规模大小,会直接影响体育旅游业企业的经营效益。

在这里必须充分强调的是,重视目标市场的规模,并不是一味强调它的"绝对规模",而是强调目标市场是否具有"适度规模","适度规模"是一个相对概念,即相对于体育旅游业资源与经营能力的市场规模。

在当前体育旅游市场激烈的竞争中,有些体育旅游企业急于在体育旅游市场中分得"一杯羹",常常在选择目标市场时,不考虑本企业的资源条件与经营能力,重视规模大的客源市场,忽视规模小的客源市场,形成众多体育旅游企业在同一细分市场经营的局面。这样会增加市场竞争的强度和企业经营风险。

(二)市场结构

所谓市场结构,具体是指体育旅游业与市场的关系特征与形式。在体育旅游市场竞争中,企业主要面临着三个方面的市场竞争和压力,即行业内的竞争者、潜在竞争者、旅游中间商的经营威胁。因此,企业必须认真分析自己所面临的市场结构,以便在选择目标市场时趋利避害,提高市场竞争优势。

1. 市场存量

当市场已经存在一定数量的竞争者时,市场会接近饱和,进而失去经营吸引力。体育旅游市场也不例外。

在市场结构分析中,应充分考虑目标市场上体育旅游业的供应能力,针对某个目标市场,体育旅游业要想坚守,就要加大促销力度,提高产品质量,并运用价格手段参与市场竞争,这样就必须大幅度降低自身经营利润。因此,企业在选择目标市场过程中,应考虑目标市场竞争者的存量,选择竞争对手较少的细分市场作为自己的目标市场。

2. 入市难度

如果体育旅游企业已经确定目标市场,应充分考虑进入该目标市场的标准和难易程度,一个目标市场对本企业有吸引力,也可能吸引一定数量的新的竞争者进入,那么,当新入市者与本企业实力相当时,该市场就会失去经营吸引力。

因此,在目标市场选择的过程中,体育旅游企业应考虑目标市场上潜在竞争者进入的难易程度,选择那些潜在竞争对手难以进入的细分市场作为自己的目标市场。

3. 市场干扰

在体育旅游市场中,作为体育旅游经营主体的企业与消费者之间并非是直接的接触和交易,还可能涉及许多中间其他市场主体,这部分中间环节的市场经营者也想获得利益,所以对体育旅游企业的经营会产生一定的影响。

在确定目标市场的过程中,当体育旅游企业选定的目标市场中,负责提供客源的中间商具有较强的砍价能力时,中间商会要求体育旅游企业压低产品价格,提高产品质量,增加产品项目等,这会增加体育旅游企业的经营成本,该目标市场对体育旅游企业的经营吸引力就会相对降低。

因此,在选择目标市场的过程中,体育旅游企业应考虑目标市场中间商的砍价能力,应选择中间商砍价能力较弱的细分市场作为自己的目标市场。

（三）市场发展潜力

发展潜力对体育旅游业经营效益具有重大影响,因此,在体育旅游企业的目标市场选择中,仅仅具有较大的市场规模是不够的,如果市场规模过小,发展潜力不大,即使体育旅游市场占有率很高,也不会为体育旅游业带来较高的利润。

在体育旅游市场发展过程中,企业选择目标市场,应充分考虑该市场能不能为企业当前经营创造利益,能不能为企业和整个体育旅游业的未来发展创造利益。因此,细分市场不但要相对稳定,还要有发展潜力。

（四）经营目标与资源

体育旅游企业在选择目标市场时,除考虑上述因素,还要充分考虑体育旅游业的经营目标以及资源,以便确保体育旅游业的目标市场与企业的经营目标及资源状况相适应。

二、体育旅游目标市场的选择过程

(一)分析细分市场

分析细分市场是体育旅游企业选择体育旅游目标市场的第一步,应广泛收集各种资料和数据,根据确定的市场细分因素及细分标准,全面研究以下内容。

(1)对市场进行细分,了解各细分市场的特点和发展空间,找出企业客源市场。

(2)研究原有客源市场的行业市场占有率,以便确定本单位的主要客源市场占有率及行业位置。如果体育旅游业主要客源市场在本行业内处于优势地位,且能充分发挥体育旅游企业潜在经营优势,则这个市场就是理想的目标市场。

(3)研究各类细分市场的发展潜力。企业应明确,所选目标市场经过体育旅游业的经营开发以后,该市场在一定时间内所能达到的需求规模,能否满足企业利益需求。

(4)研究各类细分市场发展的影响,如客源市场、市场结构、市场政策等。

体育旅游目标市场的选择,是一个动态过程,对目标市场的科学评估应考虑多个因素。

(二)评估目标市场

体育旅游目标市场的评估是选择目标市场的第二个重要环节,评估内容和步骤具体如下。

1. 评估各类细分市场的经营业绩

对细分市场进行经营管理分析,通过了解细分市场的经营特点和经营水平,与企业的经营目标进行匹配,确定二者的匹配度,并据此进行进一步的市场细分。例如,用体育旅游类型和体育旅游者消费水平两个因素可形成九个细分市场(表3-1)。

表 3-1　体育旅游市场经营业绩评估

产品类型	低档消费	中档消费	高档消费
休闲享受型			
竞技型			
极限型			

2. 判断各细分市场的经营吸引力

细分市场的吸引力会直接影响市场规模、企业竞争地位,因此需要重点分析和评估。

在体育旅游市场竞争中,如果客源不足,必然会形成各企业的价格竞争,造成企业利润降低。同时,即使市场需求大,如果企业在市场竞争中处于劣势地位,则该市场对体育旅游企业的经营吸引力也是较小的。如,在对各类细分市场的经营业绩进行分析之后,初步选定休闲享乐型体育旅游作为目标市场,对该目标市场的经营吸引力分析可参考表 3-2。

表 3-2　目标市场经营吸引力分析

休闲享乐型体育旅游	当年营业业绩（万元）	明年预计营业业绩（万元）	年增长率(%)
行业营业额			
本企业营业额			
绝对市场占有率			

(三)确定主要竞争对手

在选择目标市场时,体育旅游企业应确定其在目标市场中的主要竞争对手和竞争对手的经营目标。

1. 确定主要竞争对手

一般来说,体育旅游企业的主要竞争对手和其自身往往具有以下共同特点。

（1）体育旅游产品（或服务）价格相同或相似。

（2）体育旅游消费者群体相同或类似。

2. 了解竞争对手的经营目标

经营目标对企业的经营具有重要影响，经营目标不同，则经营方向、经营重点、经营策略也会有所不同，最终企业的经营行为就会不同。对此，体育旅游企业要有充分的认识。

在对竞争对手的经营目标进行分析的过程中，要充分结合本企业的市场竞争实力进行分析，评估本企业、竞争对手在目标市场中各自的优势与劣势。分析与自己有主要竞争关系的其他旅游企业的实力，分析其能否在目标市场达到其经营目标。对本企业和竞争对手的市场竞争实力分析应涉及市场知名度、产品（服务）质量，营销能力、营销网络、市场占有率等内容。

第三节　体育旅游市场的开发与规划

一、我国体育旅游市场开发的宏观环境分析

（一）良好的发展态势

我国体育旅游市场的发展是伴随着我国社会经济的发展而逐渐发展和成熟起来的。

改革开放以后，我国经济发展迅速，人民生活水平大幅提高，社会与经济的快速发展，以及人民对高质量生活水平的追求和体育观念、健康观念、消费观念等的改变，使得我国体育旅游市场迎来了良好的发展前景。

21世纪以来，国民消费观念的巨大变化和对健康生活发展的重视，促进了体育旅游消费的增长，我国每年从事体育消费的人越来越多，体育消费市场不断扩大。

现阶段，我国体育旅游市场发展态势良好，具体表现如下。

(1)体育旅游项目越来越多,各体育项目表现出了良好的体育旅游发展后劲。

(2)体育旅游基础设施不断完善。

(3)体育旅游人口持续增多。

(4)体育旅游市场需求不断加大。

(5)体育旅游消费水平逐渐提高,为国民经济收入的增加做出了重要贡献。体育旅游成为新的经济增长点。

(6)体育旅游发展政策环境良好。

(二)发展中的问题

1. 缺少专业人才,市场开发后劲不足

体育旅游的专业性很强,对体育旅游从业者的专业水平提出了较高的要求。开发体育旅游市场,需要企业经营和管理者能了解体育、旅游发展规律、市场发展规律,有市场发展预测能力,有企业经营和管理能力,我国此类人员较少,很多体育旅游市场的开发都属于不同企业的相互"跟风",缺乏科学决策。

现阶段,我国没有体育旅游从业标准,体育旅游市场主要依靠两类市场主体进行操作,即俱乐部和旅行社。这种经营状态下的从业人员是非体育专业的,对体育市场缺乏深入分析,在体育旅游市场开发过程中造成很大程度上的资源浪费。

2. 政府体育旅游市场监管和扶持力量较弱

良好的运行体制有助于促进市场的健康持续发展,要促进我国体育旅游市场的良性发展,政府应从宏观角度对体育旅游市场加强管理,一方面加强人员培训;另一方面加强专业机构建设,规范体育旅游市场主体经营行为,营造良好的市场环境和秩序。

现阶段,我国政府对体育旅游市场的监管还不够严格,体育旅游市场中还存在许多不法行为和不当竞争行为,体育旅游市场秩序还有待进一步加强,为各体育旅游经营者创造更加公平、公

正的竞争环境。

（三）市场发展的预测

和国外经济发达国家比，我国体育旅游起步晚，但发展迅速，已经形成了良好的体育文化氛围、体育经济氛围，体育旅游市场发展前景广阔。

目前，全球的体育旅游产业的年均增速在15％左右，是旅游产业中增长最快的细分市场；根据国家旅游局的公开数据，中国体育旅游市场正在以30％～40％的速度快速增长，远远高于全球体育旅游市场的平均增速。据世界旅游组织资料显示，我国体育旅游占旅游总体的5％，还有巨大的发展空间（图3-3）。整体来看，目前，我国体育旅游处于快速发展时期。

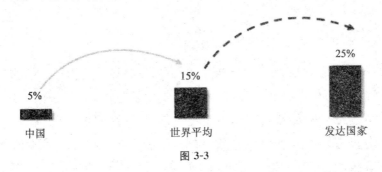

图 3-3

近两年，随着我国对体育事业发展的重视，体育旅游的政策环境越来越好，体育旅游市场规模和需求不断扩大，再加上我国体育旅游产业的投资力度不断增加，我国体育旅游行业投资增速要远远高于其他产业。

随着居民收入水平的提高，消费升级趋势的确立，体育旅游由于具备了赛事活动观看、明星粉丝经济、社群活动参与、休闲体验等多种高粘性及强目的性的出行因素，被旅游业界认定为是未来一片广阔的蓝海，并且发展迅速。从我国的情况来看，在冬奥会、消费需求和国家政策的多重推动之下，我国体育旅游不断受到重视并得到快速发展。2018年，我国体育旅游产业市场规模达2605亿元（图3-4）。

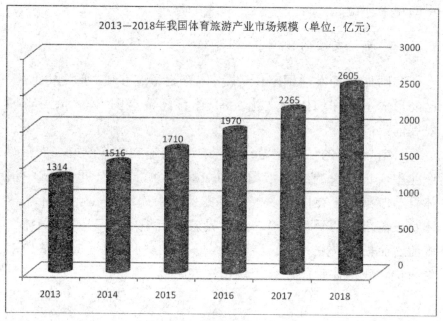

图 3-4

　　在当前良好的政治、经济背景下,我国体育旅游为我国经济发展做出了重要贡献。按我国体育旅游市场以 30% 的增速,2019—2022 年我国体育旅游市场规模预测如图 3-5 所示;按我国体育旅游市场以 40% 的增速,2019—2022 年我国体育旅游市场规模预测如图 3-6 所示。

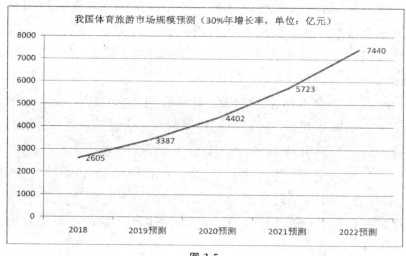

图 3-5

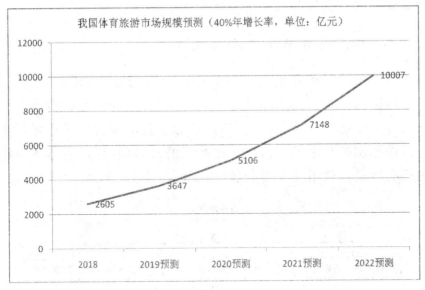

图 3-6

为部署体育旅游发展,国家旅游局、国家体育总局共同印发《关于大力发展体育旅游的指导意见》提出,到 2020 年,在全国建成 100 个具有重要影响力的体育旅游目的地,建成 100 家国家级体育旅游示范基地,推出 100 项体育旅游精品赛事,打造 100 条体育旅游精品线路,培育 100 家具有较高知名度和市场竞争力的体育旅游企业与知名品牌,体育旅游总人数达到 10 亿人次,占旅游总人数的 15%,体育旅游总消费规模突破 1 万亿元。

从我国体育发展来看,我国《全民健身计划》的全面实施、2008 年北京奥运会的成功举办等为我国体育旅游发展提供了广阔的条件和背景,2022 年北京—张家口冬奥会将为我国体育旅游市场发展带来新的契机,我国体育旅游资源丰富,世界旅游组织预测,我国在 2020 年将成世界最大的国际旅游客源地与目的地。

从国家综合实力发展来看,近年来,随着我国的国家实力不断上升,越来越多的人愿意了解中国,"一带一路"倡议的提出,更为我国"一带一路"沿线上冰雪体育旅游资源丰富的地区、传统民族体育资源丰富的地区发展对外体育旅游创造了良好的经济环境与政策环境,和其他国家体育旅游市场发展相比,我国体育旅游业发展具有良好的国际市场开发环境。

二、体育旅游市场产品开发类型

经过我国对体育旅游发展的不断重视与推动,现阶段,我国各个地区的体育旅游产品已经非常丰富,我国的体育旅游产品体系已经基本建立起来并趋于完善,这对于我国体育旅游市场的进一步规范发展和市场开拓是非常有利的。目前,我国各地体育旅游产品体系共包括三大类产品(图 3-7)。

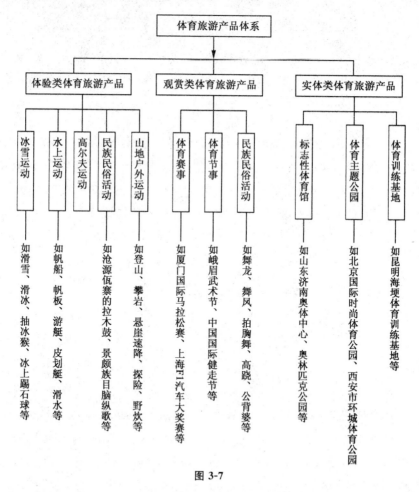

图 3-7

现阶段,在我国体育旅游市场中,许多特色体育旅游产品在旅游地表现出了极强的生命力,为丰富旅游产品、促进本地体育旅游产业发展发挥了积极作用。新的体育旅游市场产品开发,应从以下几方面入手。

（一）绿色产品开发

我国向来重视环保,体育旅游与环境保护方面具有非常密切的关系,体育旅游的很多产品和场所都是在户外,尤其是在大自然环境中的体育旅游更能丰富旅游者的旅游消费体验,我国的广大地域、丰富的地貌特点和不同地区的丰富体育资源类型为各种形式的体育旅游产品开发提供了良好的条件。但无论哪个地区,开发何种形式的旅游产品,如雪上运动、水上运动、山地探险运动等,都应重视旅游地周边自然环境的保护。

（二）民族产品开发

我国少数民族众多,民族传统体育资源丰富,如内蒙古骑马,藏族摔跤、朝鲜族跳板、土家族的摆手舞、龙舟赛等。这些民族活动都有着深厚的文化底蕴和悠久的历史。其独特的魅力,在国内和国际体育旅游市场,具有较强的消费吸引力,应将具有民族特色的资源合理利用起来,重点开发。

（三）创新产品开发

体育旅游市场开发需要创新,创新是体育旅游产品开发的重要环节。体育旅游事业的吸引力与其旅游产品、旅游线路、旅游形式的不断创新密切相关。

在体育市场产品开发过程中,要想使得本企业的体育旅游产品在体育旅游市场中众多的体育旅游产品中脱颖而出,就必须在体育旅游产品的特色设计中多下工夫,突出体育旅游产品的地区特色、文化特色、挑战难度等级等,新的体育旅游产品的推出,要让消费者看到该体育旅游产品与其他体育旅游产品的不同之处,由此才有可能吸引消费者。体育旅游产品创新应充分考虑体育消费者的需求,结合消费者需求市场进行创新（图 3-8）。

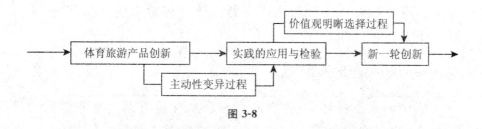

图 3-8

（四）地方旅游活动的开展

1. 国内地方特殊旅游活动的开展

开发体育旅游市场,必须依靠现有的资源进行部署,应根据地方性特点开发体育旅游市场。具体市场操作如下。

（1）体育旅游经营与地方节庆充分融合。我国地域广泛、民族众多,各种与民族体育文化相关的体育旅游文化节每年都会吸引大批的游客前来,欣赏民族风情、观看和参与民族特色体育运动,是一种良好的体育旅游体验。

（2）体育旅游经营与自然环境、文化资源融合。我国物产丰富,基于自然环境发展起来的冰雪体育旅游、水上体育旅游都实现了体育旅游开发与环境资源开发的有机结合,同时也表现出不同的体育运动文化特色。体育旅游经营主体应结合具体资源创建新型资源,利用宣传效应、设计风格独特的专项旅游产品,如海滨城市发展潜水、冲浪等水上项目体育旅游。

2. 中国特殊旅游活动的开展

我国历史悠久、民族众多,特殊体育旅游资源丰富,这些都吸引了诸多国外游客来中国旅游。据调查,我国入境旅游者中,首选旅游资源为山水风光和文物古迹,其次为民俗风情和饮食烹调。对此,可结合我国特色自然山水资源、文物古迹、民族民俗风情,以此为依托来设计产品形象,开展特色体育旅游。①

---

① 于素梅. 体育旅游资源开发研究[D]. 河南大学,2005.

三、体育旅游市场新产品开发步骤

(一)构思

构思是新产品研发的第一步,具体应做好以下工作。

(1)了解体育消费者需要什么样的产品。

(2)分析相类似的产品另外还需要有什么用处。

(3)分析体育经营组织人员、技术创新途径和方法。

(4)思考如何调整优化体育经营组织管理。

(二)筛选

(1)广泛收集信息并整理和分析,对构思进行筛选,新产品的构思应该与企业的长远发展相协调。

(2)考虑构思的可行性与可操作性。

(3)筛选时,综合考虑多方面的因素,包括竞争情况、市场需求情况和企业自身的情况等。

(三)产品概念成形

确定产品概念时,应对细分市场、性能、价格、价值等进行详细阐释、对比分析,最终确定最佳产品的概念。

(四)产品开发分析

1. 确立市场定位

我国体育旅游的开发,不能盲目进行,必须确立好自身的市场定位(表3-3)。

表 3-3 体育旅游目标市场定位

专项旅游类别	目标市场类型
大众性体育旅游	国内外所有市场类型
专业性体育旅游	国内外专业运动员、竞技爱好者
刺激性体育旅游	国内外中、青少年市场
民族性体育旅游	国内外所有市场类型

2. 根据市场细分进行产品开发

不同消费者消费特点和需求不同,就性别来看,女性偏爱观赏、娱乐、有美感的体育旅游活动;男性偏爱体育参与性活动;就年龄来看,青年人喜欢冒险,老人喜欢养生。结合市场细分开发体育专项产品,具体可参考表 3-4。

表 3-4 体育旅游产品开发设计

体育专项旅游产品	目标市场	产品开发作用	市场空间跨度
银发健身旅游产品	中老年人	养身、康复	国内、国际市场
健美健身旅游产品	妇女和青年	减肥、健美	国内市场
休闲度假健身产品	都市居民	回归自然、休闲	国内、国际市场
探险体育旅游产品	中青少年	超越、挑战自我	国内、国际市场
自助体育旅游产品	白领职员	生存训练、团队协作	国内、国际市场
民族体育旅游产品	国外游客	展现中华民族体育文化	国际市场
体育观战旅游产品	体育迷	弘扬体育竞技精神、体验激情	国内、国际市场
节庆体育旅游产品	异地居民	异地文化、体验	国内、国际市场
家庭赛事体育旅游产品	单个家庭	增进沟通、加强合作	国内市场
儿童竞技体育旅游产品	少年儿童	增知益智、意志培养	国内、国际市场

(五)商业分析

确定产品概念后,在整合、分析各种资料的基础上,对产品上市进行评估,分析所开发的产品的销售额、成本、利润等,综合评定之后,如果可行,则进行下一阶段的工作。

（六）市场试销

小范围地在市场上对新产品进行实验、论证,可找一些消费者进行实验,在真实的市场环境下检验产品是否符合消费者的需求,收集意见和建议,改进产品和服务,或果断放弃。

（七）产品上市

新产品试销成功之后,接下来进行全面的市场推广工作。进行批量生产,然后,选择相应的投放时机和营销策略。

第四节　体育旅游市场的营销

体育旅游市场的科学营销能为体育旅游市场主体——体育旅游经营企业带来良好的经济效益、社会效益、文化效益等,是体育旅游经营企业非常关注的一个重要问题。因此,各体育旅游经营企业都非常注重体育旅游市场的营销方案的制订和科学化实施。本节主要从企业的角度出发,对体育旅游市场的科学营销进行系统分析。

一、市场营销与营销策划

（一）市场营销

市场营销（Marketing）,是指营销人员针对市场开展经营活动、销售行为的过程。通过市场营销,实现商品在市场中的购买和销售。在市场经济规律下,实现供需平衡,促进资源、产品、资金、信息等在市场上的自由流通。

体育旅游市场主体进行体育旅游市场营销,应从消费者的市场需求出发,营销观念从供应市场向需求市场转变,充分结合消费者需求选择制订市场营销策略,促使消费者落实消费行为,实现商品和服务的交换,企业获得社会和经济效益。

(二)市场营销策划

市场营销活动是由一系列有组织的人员来进行的,它的成功离不开有效的市场营销策划。市场营销策划是全面性的,并不是单纯的与体育有关的广告与产品的销售策划活动,它还包括实现既定目标的方法、途径,以及各项资源的配置。

市场营销策划的意义表现在以下几方面。

(1)为企业的发展提供路线图。

(2)指导和促进企业战略的实现,促进管理的科学化。

(3)提高人财物资源的利用,促进人际的协调。

(4)帮助企业认识到发展中的问题,更好地把握和应对机遇与挑战。

二、我国体育旅游市场营销主体

目前,我国体育旅游市场营销主体(体育旅游产品的分销渠道)主要有两个:体育旅游公司和旅行社。

近年来,随着我国体育旅游市场规模的不断扩大,越来越多的体育市场主体进入市场,都想要在体育旅游市场中分得"一杯羹"。当前在体育旅游市场中具有较强竞争力的市场主体主要是一些大型旅行社以及部分体育经纪公司,如国旅、康辉、青旅。其他一些小的体育旅游公司、旅行社也在不断增多。

三、体育旅游目标市场营销模式

(一)无差异目标市场营销

无差异目标市场策略,具体是指把整个客源市场作为目标市场开展经营的营销策略。该策略使企业向市场提供标准化产品,优势在于成本低,适用于以下情况。

(1)整个客源市场需求虽有差别,但相似度更大。

(2)客源市场需求有本质区别,但各需求差别群体的经济规模较小,不具有市场细分价值。

(3)业内竞争程度较低,客源市场需求高。

(二)差异性目标市场营销

差异性目标市场策略,具体是指根据不同细分市场,设计不同的经营方案的营销策略。该策略针对性强,满足市场需求度高,为不同细分市场提供不同产品,建立不同的销售网络,企业经营成本高,适用以下情况。

(1)客源市场的需求差异大。

(2)各类细分市场都具有一定的经营价值。

(3)企业规模大,产品经营能力强,已占领更多的细分市场。

(三)密集性目标市场营销

密集性目标市场策略,具体是指选择少数(一两个)细分市场作为经营目标,制订营销策略。该营销模式综合了上述两个营销模式的优点,适用以下情况。

(1)细分市场具有明显的实质性的需求差异。

(2)企业规模较小,经营能力有限。

四、体育旅游市场具体营销策略

促销,是营销的一种具体操作方式方法,是营销者向消费者传递有关企业及产品信息,说服或吸引消费者消费,以扩大销售量、占领市场份额。

(一)针对目标市场促销

体育旅游的市场目标不同,其设计产品和促销产品的方式也不同。针对目标市场促销,是差异性目标市场营销模式的具体营销策略实施。这种方式的营销策略针对性强,要求针对需求的不同对体育旅游产品进行分类标价的促销,以更好地满足人们的不同需要。

就年龄因素分析来看,不同年龄阶段体育消费者对体育旅游消费的产品和服务需求不同,可形成不同的消费市场(图 3-9)。例如,就不同年龄阶段的消费者进行体育旅游市场细分,经调查,我国入境体育旅游游客中,老年人停留时间最长、青少年次之,因此,应多针对这两个人群开发体育旅游产品。

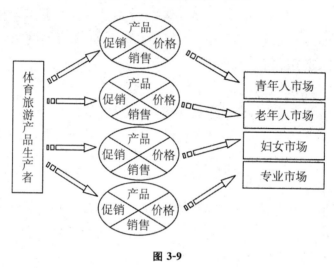

图 3-9

(二)利用节假日促销

节假日是人们参与体育旅游活动,集中进行体育旅游消费的重要时间阶段,对此,应充分利用节假日,开展体育旅游活动,推出具有节假日气氛和特色的体育旅游产品与服务。

在节假日实施体育旅游产品和服务营销,应结合具体节庆假日特色、时间长短刺激消费,充分考虑游客在有效时间内的可达性和市场空间定位(图 3-10)。

(三)综合资源,组合促销

体育旅游具有多元功能和价值,在体育旅游市场营销过程中,应整合多种体育旅游资源,满足消费者的多元消费需求,将度假、观光与体育运动三者完美结合,综合满足人们的心理需求、身体需求、个性发展和健康恢复(图 3-11),满足体育旅游消费者花一分钱体验多重服务的心理,以增强体育旅游产品(服务)对体育旅游消费者的吸引力。

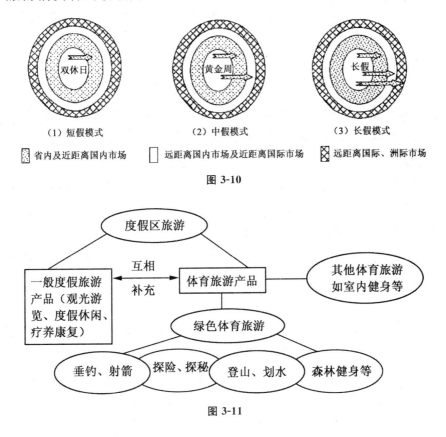

(1) 短假模式　　　　　(2) 中假模式　　　　　(3) 长假模式

▨ 省内及近距离国内市场　□ 远距离国内市场及近距离国际市场　▨ 远距离国际、洲际市场

图 3-10

图 3-11

第四章 体育旅游人力资源管理及其体系构建

对于体育旅游领域来说，人力资源是我国现行全民健身活动的基础资源，也是深化教育改革以及完善体育教学的关键性资源，深入研究体育旅游人力资源管理及其体系构建有很大的必要性和迫切性。为此，本章在深入阐析体育人力资源的基础上，对体育旅游人力资源的获取、配置、培育进行深入剖析，以期进一步夯实体育旅游人力资源的理论基础，为体育旅游人力资源管理及其体系构建提供理论指导和实践指导。

第一节 体育人力资源概述

针对体育人力资源，本节在深入阐述人力资源理论知识的基础上，对体育人力资源加以剖析。

一、人力资源

(一)人力资源的概念

《辞海》中解释人力即人的劳力，人的力量，指从事劳动的人；资源指一定范围内，所有的人力、物力、财力等各种物质的总称。将人力和资源结合起来理解就是，人和其他物质要素的相互配合，人结合事物的发展要素，充分发挥自己的才能，人与人之间的合作，人事配合即为人力资源。从社会学角度理解为可以推动社会以及经济发展与进步的人的总称。

（二）人力资源的特征

从整体来说，人力资源是一种特殊且尤为重要的资源，是生产力要素中最有活力且弹性最大的部分，具体特征如下。

1. 生物性

与其他类型的资源相比，人力资源归人类自己所有，是以人体为载体的"活"的资源，其与人的生理特征以及基因遗传等都有十分紧密的联系，所以说人力资源有生物性特征。

2. 时代性

不管是人力资源的数量和质量，还是人力资源素质的提升幅度，都会受到时代条件的限制，所以说人力资源具有时代性特征。

3. 能动性

能动性是指人力资源是体力和智力有机结合在一起的结果，拥有很大的主观能动性以及持续开发的潜力。

4. 两重性

两重性又被称为双重性，具体是指人力资源集生产性和消费性于一身。

5. 时效性

时效性是指倘若很长时间内都不用人力资源，则会出现荒废与退化的结果。

6. 连续性

从本质上来说，人力资源是可以持续开发的资源，人力资源的使用过程是开发的过程，人力资源的培训、积累、创造过程也是开发的过程。

7. 再生性

人力资源是可再生资源,通过人口总体内各个个体的不断替换更新和劳动力的"消耗—生产—再消耗—再生产"的过程实现其再生。人力资源的再生性不仅会受生物规律的支配作用,也会受人类自身意识以及意志的支配、人类文明发展活动的作用以及新技术革命的限制。

二、体育人力资源

(一)体育人力资源的概念

将人力资源的概念引申至体育领域就可以得出体育人力资源的概念,即在特定范围内可以对体育事业的健康发展产生推动力,同时具有体育运动的专业知识以及体育能力的人口总称。通常认为,体育人力资源就是具备较高的运动技能和技术、拥有较强的体育科研能力和管理能力、获得过比较优异的运动成绩,同时从事体育专业工作的人群。由于体育人力资源是合成概念,所以很多专家和学者就体育人力资源的概念提出了自己的观点。举例来说,蔡文利认为体育人力资源不单单是指体育人,从事体育且通过理论和技术来传达体育知识的体育教育人员和学者也包含其中。从整体来说,促使体育事业发展,从事和体育相关的工作,同时掌握特定体育专业技能和技术的人员都可以称为体育人力资源。

(二)体育人力资源的分类

依据不同的分类标准,能够把体育人力资源划分成以下几种类型,具体见表4-1。

表 4-1　体育人力资源的分类

分类标准	类型	
体育人力资源的工作性质	体育教练员人力资源	高级教练员
		中级教练员
		初级教练员
	体育竞技人力资源	健将级运动员
		一级运动员
		二级运动员
		三级运动员
		少年级运动员
	体育裁判人力资源	国际级裁判
		国家级裁判
		一级裁判
		二级裁判
		三级裁判
	体育科技人力资源	研究员
		副研究员
		助理研究员
		实习研究员
		体育教育人力资源
		社会体育指导员人力资源
		体育经纪人人力资源
		体育行政管理人力资源
体育人力资源的能级	初级体育人力资源	
	中级体育人力资源	
	高级体育人力资源	
体育人力资源的利用形态	可供体育人力资源	
	在用体育人力资源	
	潜在体育人力资源	

分类标准	类型
运动项群(图 4-1)	体能主导类人力资源
	技能主导类人力资源
	抽象思维类人力资源

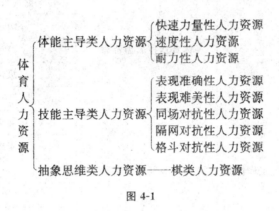

图 4-1

第二节　体育旅游人力资源的获取

一、体育旅游人力资源获取系统

体育旅游人力资源获取系统的构成如图 4-2 所示,具体由招聘人员、获取中介、应聘人员以及内外部环境四大要素组成。

二、体育旅游人力资源获取的程序

体育旅游人力资源获取的程序可参考体育人力资源的获取步骤,如图 4-3 所示,或参考企业构建人才招聘体系的流程,如图 4-4 所示。

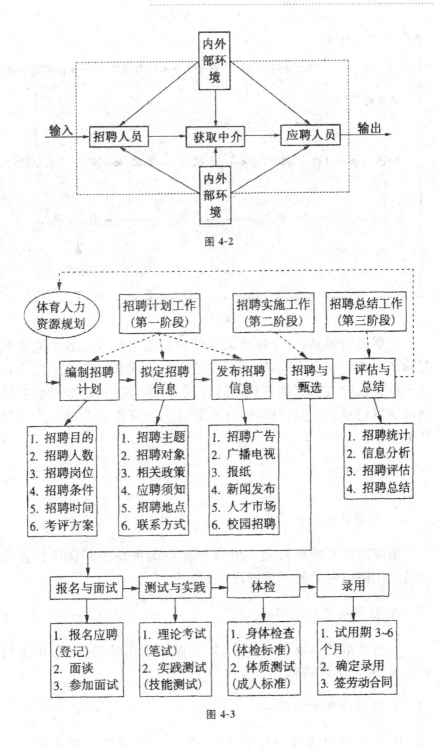

图 4-2

图 4-3

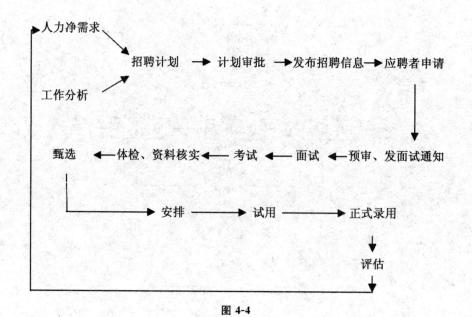

图 4-4

需要说明的是,由于体育人力资源的范围较大且各个企业的实际状况难免有所不同,因而其中的某些步骤和程序并不完全适用于体育旅游人力资源的获取过程,所以参考时一定要结合实际情况加以调整。从整体来说,体育旅游人力资源获取的几个关键环节如下。

(一)招聘决策

1. 招聘决策的概念

招聘决策是指单位最高管理层就招聘重要工作岗位以及大批量工作岗位所做的一系列决定的过程。

2. 招聘决策的过程

要想使招聘决策得以实施,需要经历提出招聘需求、识别招聘需求、决定招聘需求三个步骤。

3. 招聘决策的内容

①需要招聘哪些岗位的人员,各岗位的招聘要求分别是什

么,各岗位需要招聘的实际人数。

②招聘信息的发布时间与发布渠道分别是什么。

③招聘测试需要委托什么部门完成。

④实施招聘的预算资金是多少。

⑤招聘的具体结束时间。

⑥新进员工正式上班的时间。

（二）发布信息

1. 发布信息的概念

发布信息是指将招聘信息传递给可能会应聘的人群。我们可以将发布信息的环节理解成选择招聘渠道和招聘方法的过程。需要注意的是,对外公布所有的招聘职位时,要先在内部公布,优先考虑内部员工的应聘以及推荐。

2. 发布信息的原则

及时原则、面广原则以及层次原则都是发布信息的过程中应当严格遵循的原则。

3. 发布信息的渠道

①在杂志上发布信息。

②在报纸上发布信息。

③通过电台发布信息。

④通过电视发布信息。

⑤通过网站发布信息。

⑥通过布告发布信息。

⑦通过新闻发布会发布信息等。

（三）人员的选拔与评价

人员的选拔与评价由简历筛选和招聘测试两个步骤组成。

1. 简历筛选

简历筛选工作由负责招聘的工作人员和用人部门的负责人共同参与。网络上有很多种类型的简历,但通常建议应聘者使用标准化应聘申请表,如此可以为管理提供诸多便利,使建立筛选的效率大幅度提高。

2. 招聘测试

(1)招聘测试的概念

采用各种科学和经验方法客观鉴定应聘者能力的方法,即招聘测试。

(2)招聘测试的方法

一般情况下,体育旅游人力资源招聘测试过程中会选择并运用的方法是纸笔测验、情景模拟测试、面试、心理测试、专业技能测试等。

(四)人事决策

1. 人事决策的概念

(1)广义的概念

从广义上来说,人事决策就是指和体育旅游人力资源开发以及管理存在关联的各方面决策。

(2)狭义的概念

从狭义上来说,人事任免的决策就是所谓的人事决策。

2. 人事决策的方式

一般情况下,人事决策工作会采用以下两种方式开展。

①数据资料综合研究会议法。

②综合评价表法,综合评价表见表 4-2。

表 4-2　体育旅游人力资源招聘中人事决策综合评价表

应聘人员编号		姓名		应聘岗位	
测评维度	综合成绩		评价		
纸笔测验					
心理测试					
情景模拟测试					
面试					
专业技能测试					

三、体育旅游人力资源获取中的面试

(一)面试概述

在特定的时间和地点,开展目标清晰且事先设计好具体程序的谈话,面试者在全面观察应聘者以及和应聘者交谈的基础上,全方位掌握应聘者大体情况的一种人员甄选和测评技术。通常情况下,面试者希望通过面试了解到应聘者是否具备以下素质以及各项素质的具体发展状况。

①应聘者的外貌风度。
②应聘者的个人修养。
③应聘者的业务水平。
④应聘者的求职动机。
⑤应聘者的工作经验。
⑥应聘者的表达能力。
⑦应聘者的逻辑思维。
⑧应聘者的反应能力等。

(二)面试类型

1. 结构式面试

(1)结构式面试的概念
面试官根据面试提纲上的问题向面试者提出问题,按照标准的格式详细记录面试者的回答,在客观分析面试者回答的基础上来评价面试者的过程,即所谓的结构式面试。

(2)结构式面试的优点

此类面试的优点是有助于面试官全方位地获得被面试者的个人信息,从而使面试者的面试效率得到大幅度提升。

(3)结构式面试的缺点

灵活性与机动性都有待增强。

2. 非结构式面试

(1)非结构式面试的概念

在面试环节,面试官不仅要向被面试者提出已经准备好的关键性问题,还要结合面试过程中的实际状况发问,此外要求被面试者口头回答各项问题。

(2)非结构式面试的优点

非结构式面试的优点是简单易行、灵活机动、场合和时间以及具体内容不会对面试过程产生制约性作用,便于面试者相对准确地掌握应聘者的心理素质,同时获得更多的对面试者有积极作用的信息。

(3)非结构式面试的缺点

缺乏良好的结构性,未制订清晰而准确的判断标准,量化难度高,对转移面试目标有负面影响。

3. 混合型面试

(1)混合型面试的概念

将结构式面试和非结构式面试有机结合起来的面试方法,就是混合型面试。

(2)混合型面试的优势

混合型面试的优点是能够扬长避短,不仅能提高面试者的面试效率,还能改善面试者的面试效果。

（三）面试内容

①求职动机。

②仪表风度。

③专业技能。

④工作期望。

⑤工作态度。

⑥工作经验。

⑦兴趣爱好。

⑧反应能力。

⑨精力和活力。

⑩语言表达能力。

⑪自我控制能力。

⑫综合分析能力。

⑬人际交往能力。

（四）面试程序

1. 面试准备

①合理选择面试考官。

②阅读职位说明书。

③阅读应聘材料和简历。

④确定面试人选。

⑤制订面试提纲和评价表（表 4-3 和表 4-4）。

⑥确定面试方式，比较常见的面试方式分别是一对一面试、主试团面试、结构式面试。

⑦选择面试场所，值得一说的是面试场所的气氛尤为重要。

表 4-3　面试评定表 1

姓名：		性别：		年龄：		应聘职位：	
考察内容		得　分		评　价			
仪表风度							
求职动机							
语言表达能力							
情绪稳定性							
思维灵活性							
人际关系							
应变能力							
实际经验							
总分							
综合评语以及录用意见							
面试人		签字：				日期：	

表 4-4　面试评定表 2

姓名：		性别：		年龄：		编号：	
应聘职位：				所属部门：			
评价要素	评定等级				
	1(差)	2(较差)	3(一般)	4(较好)	5(好)
个人修养					
性格特征					
健康状况					
进取精神					
求职动机					

评价要素	评定等级				
	1(差)	2(较差)	3(一般)	4(较好)	5(好)
语言表达能力					
应变能力					
人际交往能力					
自我认知能力					
情绪控制能力					
工作经验					
综合分析能力					
专业知识储备					
评价	□建议录用		□可考虑		□建议不录用
用人部门意见：	签字：	人事部门意见：	签字：	单位领导意见：	签字：

2. 面试实施

就面试实施阶段来说,应当高质量完成以下几项工作。

①营造良好的面试氛围。

②向应聘者详细介绍单位的整体情况和应聘职位的实际需求。

③在考察应聘者的基础上,客观、公正地评价应聘者。

④面试者与应聘者应当全方位地讨论和应聘职位存在关联的问题,然后面试者基于各项问题说出自己的见解。

⑤面试者与应聘者就薪资待遇的问题展开讨论。

⑥妥善解决面试者和应聘者对一些问题的分歧。

3. 处理面试结果

(1)综合面试结果

在综合每位面试官对各个应聘者做出的独立评价结果,形成"面试结果汇总表"。按照最终的评审结果,妥善做出是否录用的决定。在考虑是否录用应聘者时,一定要着重分析应聘者的发展潜力、应聘者和本单位发展需求以及利益需求的契合程度。通常情况下,最终是否录用应聘者由应聘职位所属部门的负责人与人事部负责人共同商量决定。

(2)面试结束的反馈

向用人部门反馈面试的评价建议,由人事部与用人部门共同决定是否录用。

(五)面试效果

要想从根本上提高面试的效率,就一定要对面试过程中的注意事项以及应当回避的问题了然于心。

1. 注意事项

①有效把控具体的进程和时间。
②提问环节要达到简单明了的要求。
③不轻易打断应聘者回答问题。
④适当增加开放式问题的数量,从而对应聘者的表达能力与反应能力有比较准确的认识。
⑤面试者应有目的、有意识地隐藏自己的观点,防止应聘者刻意迎合而掩藏真实想法的情况发生。

2. 应避免的问题

①晕轮效应。
②相似效应。
③负面效应。

④次序效应。

⑤趋中效应。

⑥压力效应。

⑦刻板印象效应。

⑧第一印象效应。

第三节　体育旅游人力资源的配置

一、体育旅游人力资源配置的概念

体育旅游人力资源配置指的是体育旅游人力资源在地区、部门及不同使用方向上的分配,并按一定经济发展目标,在体育旅游经营与管理中实现人、物、财、信息、时间等重要因素的优化整合及这些要素功能的充分发挥,以争取体育旅游业最佳效益的动态进程。体育旅游人力资源的配置由宏观层次的配置、微观层次的配置和个体配置三个层次组成。

二、体育旅游人力资源配置的原则

(一)适才适位原则

分析体育旅游人力资源配置的目标能够得出,一定要保证体育旅游人力资源的综合才能可以充分适应相应的工作岗位,如此才能充分调动体育旅游人力资源在工作中的主观能动性,由此使他们的工作效率得到大幅度提升。倘若体育旅游人力资源和与之相对的工作岗位不适应,则会出现人才浪费问题或者小材大用问题。当所有岗位都安排适合该岗位的人才之后,才有可能使工作效率得到大幅度提升,才有可能将体育旅游人力资源的实际价值发挥得淋漓尽致,才能对我国体育旅游的发展注入巨大发展动力。

（二）动态原则

优化配置体育旅游人力资源的短期效果并不显著，必须经历较长的时间。在社会快速发展、时代持续进步、知识更新速度持续加快、新兴学科日益增加、各学科间交叉程度不断加深的背景下，当前的配置可能在过去很长时间内是合理的，但在崭新的社会环境下并未达到合理性要求，原先的结构可能在过去很长时间内是相对优化的，但在社会快速发展的当下可能已经不具备优化性。出现这种情况后，一定要基于崭新的发展背景以及发展需要实施再配置。

在体育旅游持续发展的过程中，旅游业对相关人才的要求同样在持续提高，这种情况下相关岗位的要求也会随之提高，与此同时会产生一些针对专门人才的新岗位，这种情况下会出现原有人力资源队伍和新岗位要求不符的问题，因而就有必要对体育旅游人力资源实施重新配置。由此不难得出，体育旅游人力资源配置过程中一定要遵循动态原则，严禁保持原有配置模式。

（三）合理使用原则

站在经济学视角来分析，科学运用体育旅游人力资源就应当想方设法达到体育旅游人力资源投入的最高产出率，为此就需要对投入方向有清晰地认识且科学配置不同类型的资源，在同一时间内达到分配公平和提升生产效率的双重要求，确保经济产出始终处于稳定状态，有效协调社会各个方面的关系，为社会安定贡献应有的力量。但需要注意的是，由于经济效益和社会效益的特征存在着较大的差异，因而多数情况下都要凭借特定形式将经济效益与社会效益充分反映出来。基于以上情况，我们一定要科学认识和把握体育旅游人力资源的合理使用问题，尽最大努力协调好宏观要求与微观要求的关系以及经济效益与社会效益的关系，最终顺利达到效益最大化的目标。

（四）提高效率原则

在经济学领域,提高效率原则经常被提及。一般来说,资源利用不充分问题会不可避免地出现在经济运行的过程中,而缓解和处理这项问题的重中之重就是大幅度提升效率。由于人力资源可以对体育旅游发展进程产生很大的影响,所以一定要积极提高人力资源的使用效率,设法将人力资源的作用发挥得淋漓尽致。

三、体育旅游人力资源配置的机制

体育旅游人力资源配置经历了计划经济阶段、经济转型阶段以及市场经济阶段三个阶段,这三个阶段的配置机制如下。

（一）计划配置机制

1. 体育旅游人力资源计划配置机制的系统

在计划经济时期,我国在体育旅游人力资源配置方面主要采用的机制是政府包揽型,资源配置的供给主体是体育行政主管部门,各个级别的用人单位、体育旅游人力资源都没有自主权。这种配置的一次性特征和终身性特征相对显著。计划经济时期体育旅游人力资源配置的系统和运行机制,如图 4-5 和图 4-6 所示。

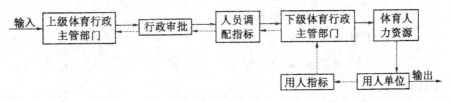

图 4-5

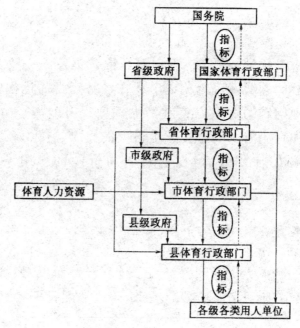

图 4-6

2. 体育旅游人力资源计划配置机制的特征

计划经济阶段体育旅游人力资源配置机制的特征是：配置主体的单一性特征、配置手段的行政性特征、配置的政治倾斜性特征。

3. 体育旅游人力资源计划配置机制的评价

（1）优点
①为统一指挥和统一规划提供了很大便利。
②有助于宏观调控体育发展规模。
③人才具有可调控性。
④从某种程度来说，可以为人才培养方向以及人才培养质量提供保障。
（2）缺点
①不公和腐败现象确实存在。
②反馈速度慢，信息真实性差，会对人才配置与调控速率有

负面作用。

③人才流动速率慢,人才浪费严重。

④对体育的社会化进程快速推进有负面作用。

(二)转型期配置机制

1. 经济转型期体育旅游人力资源配置机制的系统

就经济转型期来说,我国体育旅游人力资源配置中主要采用政府配置和市场配置相结合的结合型运行机制。政府配置所占比重呈现出了下滑趋势,而市场配置模式的基础性作用越来越显著。结合型运行机制主要有两种运用模式,一种是以政府配置为主,市场配置为辅;另一种是以市场配置为主,政府配置为辅。在实践过程中,应当结合实际状况来运用这两种模式,将政府以及市场的作用发挥到极致。转型期配置机制的系统结构以及运行机制如图 4-7 和图 4-8 所示。

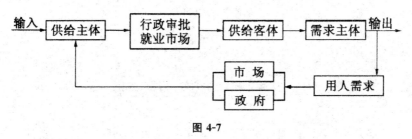

图 4-7

2. 经济转型期体育旅游人力资源配置机制的特征

①配置主体的多元性特征。
②配置的行政性与市场性并存。

3. 经济转型期体育旅游人力资源配置机制的评价

①政府干预过多,未将市场的作用发挥得淋漓尽致,不利于充分调动社会各界人士充当参与者的主观能动性。
②配置主体及调控主体不明确。

③市场配置体系不健全,市场秩序混乱。

④计划配置中的某些弊端依旧未能彻底消除。

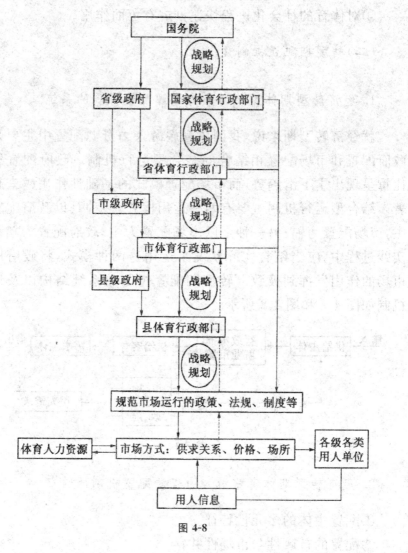

图 4-8

(三)市场配置机制

1. 市场经济下体育旅游人力资源配置机制的系统

在市场经济条件下,主要通过价值规律、供求关系、价格杠杆等来进行体育旅游人力资源配置调控,具体的配置系统如图 4-9 所示。

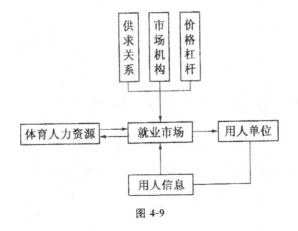

图 4-9

2. 市场经济下体育旅游人力资源配置机制的特征

①配置的市场基础性。

②配置主体的多元性。

③配置过程的集约性。

④配置结构与社会需求的一致性。

3. 市场经济下体育旅游人力资源配置机制的评价

(1)优点

①从某种程度上减轻了国家负担。

②体育部门自身管理呈现出了日趋完善的趋势,实际效益也在逐年升高。

③平均主义得到了一定程度的缓解。

④社会资源利用率以及人才配置调节速度都朝着更加理想的方向发展。

(2)缺点

①人才单向流动,分配失衡。

②对经济落后地区体育旅游的健康发展有负面影响。

③对社会整体利益有或多或少的负面影响。

第四节　体育旅游人力资源的培育

一、体育旅游人力资源培育的现状

张蕾 2007 年在《四川省体育旅游专业人才培养对策研究》一文中对当地的体育旅游经营单位人力资源培训的情况进行了分析,由此可反映我国体育旅游人力资源培育现状。具体如下。

（一）培训次数

如图 4-10 所示,我国体育旅游经营单位对体育旅游人力资源进行培训的次数屈指可数,高达 82％的单位没有组织和安排体育旅游人才参与相应的培训活动,所以说培育和发展体育旅游人才的深远意义未能获得这些旅游单位的高度重视。与此同时,每年安排 1 次培训的旅游单位占 11％;安排 2 次培训的旅游单位占 7％。从整体来分析,体育旅游人力资源的培训次数并不乐观,旅游单位发展人才的意识还有待进一步增强。

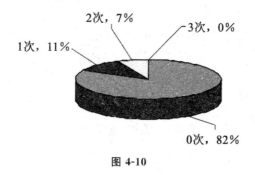

图 4-10

（二）培训类型

如图 4-11 所示,在安排人力资源培训的体育旅游单位中,各个单位的培训类型存在着或多或少的差异。具体来说,有 62％的旅游单位为员工安排了岗前培训;而只有 12％的单位对员工进行在职培训;安排一体化培训(岗前、在职等)及涉及其他类型培训的旅游单位分别占 19％和 7％。综合分析调查结果不难发现,体育旅游单位高度重视岗前培训,如此对体育旅游人力资源适应性的增强有积极作用。

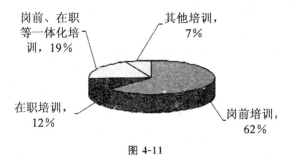

图 4-11

(三)培训内容

对于体育旅游人力资源培训而言,体育旅游人力资源的业务常识培养、专业素养培养、知识拓展能力培养、实践操作能力培养等都是缺一不可的,如此才能使人力资源的各项业务素养都获得大幅度提升,使体育旅游人才的工作效率得到大幅度提升。从图 4-12 来看,涉及这些培训内容的旅游单位占一定的比例,绝大部分旅游单位更注重业务常识与专业素养的培训,知识拓展等其他方面的培训还未获得旅游单位的高度重视。

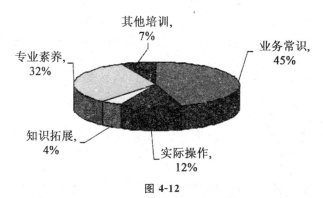

图 4-12

二、体育旅游人力资源培育模式的构建

体育旅游业是构成体育产业的重要部分。构建体育旅游人力资源培育模式的过程中,可以借鉴体育产业人力资源培养模式的构建流程,如图 4-13 所示。

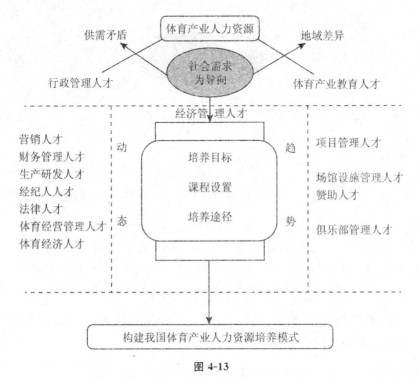

图 4-13

分析图 4-13 不难发现,构建体育旅游人力资源培育模式应当从以下三个方面着手。

(一)明确培养目标

制定切实可行的体育旅游人力资源的培养目标,不仅要兼顾我国体育旅游的发展需求,还要准确把握体育旅游快速发展对人才提出的具体要求,全面兼顾与深层次剖析是制定培养目标的重要基础。

（二）科学设置课程

在体育旅游人力资源培育中，设置的常见课程如下。

①公共课。

②基础课。

③专业基础课。

④必修课。

⑤选修课。

（三）丰富培养方式

就现阶段来说，在我国体育旅游快速发展的过程中，其对相关人才提出的要求也在朝着日益多元化的方向发展。基于这种情况，就必须严格把好人才质量关，选择并运用更加多元化的手段开展各项培训活动，培育更多综合素质较高的专业人才，从而尽最大可能满足体育旅游市场对体育旅游人力资源的需求，从根本上加快体育旅游的发展速度。

三、提高体育旅游人力资源培育质量与效果的策略

（一）促使管理者、经营者和教育者提高对自身认识水平的要求

要想从根本上提高体育旅游人力资源培育的质量和效果，就必须深刻领会到体育旅游教育的重要性，体育旅游经营管理者以及相关教育者一定要对开展和落实体育旅游教育形成一个正确的认识，对自身的认识水平提出更高的要求，自觉参与人才教育制度的完善工作，同时以此为指导加大体育旅游人力资源的开发深度。

（二）挖掘和发挥高校的人才培养功能，制订并落实人才培养计划

高等院校肩负着培养人才的重任，培养体育旅游人才也要充分发挥高校的作用，高校应当尽最大努力培养了解体育运动、熟

悉专业的体育旅游人才。与此同时,高校要适当加大培养体育旅游中高层管理人才的培养力度,在职攻读、在岗培训、脱产培训等都是切实有效的培养方式,使其成为满足体育旅游发展需求的新型人才,促使这些人才在体育旅游发展过程中贡献出更大的力量。

(三)完善岗位培训制度,构建体育旅游人力资源的同步成才机制

完善岗位培训制度,科学建立体育旅游人力资源的同步成才机制同样是提高体育旅游人力资源培育质量与效果的可行性策略。具体来说,要加大对当前岗位制度的优化力度和完善力度,立足于多个层面推进岗位培训工作,在所有环节都深入落实持证上岗制度,如此能够有效加大体育旅游市场的规范化程度,为体育旅游人力资源的优化配置进程注入动力,最终使体育旅游人力资源的利用效率以及体育旅游业的经济效益都得到质的提升。

第五章　体育旅游生态环境及其预警管理研究

人类只有一个地球,保护环境是世界上每个人义不容辞的责任。所以人们在进行所有活动时,都要考虑到对生态环境的影响。本章将研究体育旅游生态环境的保护以及预警管理建设。

第一节　体育旅游与生态环境

事实证明,体育旅游业的发展必须以良好的环境质量作为保障。虽然体育旅游的开发能够起到诸多正面作用,但也会对环境产生一定的影响。如体育旅游服务设施排放的"三废"等,游客在旅游区乱扔垃圾、破坏植被等,这些问题在不同程度上对环境造成破坏,均会对自然生态环境造成负面影响。回首历史,西方发达国家在产业发展历程中也饱受环境污染之苦,所以体育旅游产业的发展必须重视与生态环境的和谐统一。

一、生态环境的概念

有学者认为,"生态"与"环境"是两个完全不一样的概念,"生态环境"是"生态"与"环境"这个新概念的融合,是一种新的概念。

生态环境是指影响人类生存与发展的水资源、土地资源、生物资源以及气候资源数量与质量的总称,是关系到社会和经济持续发展的复合生态系统。

在人类长期的生存与发展过程中,从大自然获取了很多的资源,同时给予自然的却是各种环境问题,这种对自然的无限索取使得人类社会现在面临着越来越多的环境问题。

从生态系统的整体来看,人是其中最积极、最活跃的因素。

人对整个生态系统的影响力是非常大的,而且深远,随着人口的不断增长,人类对生态环境的影响也在加剧。20世纪中期以后的人口急增和科学技术的快速发展,人类的创造能力与生产能力水平大大提高,但也带来了巨大的破坏力。人类的大规模生产加快了对自然资源的挖掘速度和力度,导致自然生态失去平衡,引发了一系列灾害。因此,环境问题如今已成为全球所关注的热点话题。当今世界,不论是在发达国家,还是在发展中国家,生态环境问题均已成为制约经济和社会发展的重大问题。

二、保护生态环境的意义与原则

(一)保护生态环境的意义

保护生态环境就是研究出因人类生活、生产建设活动使自然环境遭到破坏的解决方案,进而对环境污染和破坏的各类因素进行控制、治理与消除,使生态环境得到改善,这对于人类社会的可持续发展具有十分重要的意义。

环保,是人类社会可持续发展必须重视的一个问题,对于人类的健康发展来说,良好的环境能为人类生活提供一个良好的居住环境,这对于人的个人健康发展有利,同时也有助于为子孙后代构建一个适宜居住的良好自然生态环境。现阶段,人类社会的发展问题已经与环境保护密切地联系在一起,必须采取有效措施保护当前人类的生态环境,防止环境恶化,控制环境污染,使人类与环境协调发展,从而保护人类健康,提高生活质量。总体来看,这是一件功在当代,利在千秋的大事。

人生存在这个地球上,就不可避免地与自然环境接触。随着人口的迅速增长、科学技术的不断进步以及生产力的快速发展,人们在生活及生产中制造了各种各样的垃圾,这些垃圾严重影响了自然环境,人类生态环境受到了严重的污染,自然生态平衡受到了严重威胁,多项资源遭到破坏,这对人类的生存环境有着直接或间接的负面影响。

(二)保护生态环境的原则

1. 生态环境保护与生态环境建设同时进行

很多地区在进行环境保护工作的同时依然没有停止环境破坏行为。因此,在大力推进生态环境建设的基础上,树立保护优先、预防为主、防治结合的策略,彻底改变某些地区边建设边破坏的情况。

2. 污染防治与生态环境保护并重

在环境保护的工作中,要充分重视人类所生存的社区环境与自然生态环境的有机结合,促进二者的和谐发展,构建适宜人类居住的美好生活家园。

3. 统筹兼顾,综合决策,合理开发

环境保护与环境开发,二者并不矛盾,要正确处理好两者的关系,做到在保护中开发、在开发中保护。

现阶段,很多人和企业在生产发展中只看重经济利益,忽视社会效益、忽视环境效益,这种发展观念显然是一种鼠目寸光的表现,是非可持续性的发展,最终将会面临各种生存环境问题,而这些问题的产生将直接制约个人与企业的进一步持续发展。

4. 明确生态环境保护的权利与责任

树立"谁开发谁保护,谁破坏谁恢复,谁使用谁付费"的原则,充分利用法律、经济、行政和技术手段保护生态环境。

三、生态环境保护措施

(一)强化宣传教育,提高生态环境保护意识

现阶段,要强化大众生态环境的保护意识,应充分发挥政府

部门,大众媒体,教育系统的教育、宣传作用。

首先,政府应加强官方的生态环境保护宣传。各组织和部门应建立起生态环境的保护意识和责任。领导者应定期或不定期开展环境保护培训,组织各级人员学习有关生态环境保护的理论,使各级领导干部形成可持续发展意识,提高生态环境保护决策能力;基层干部应注意从我做起,在人民群众中起到模范带头的作用,并积极地对本部门的工作人员进行环境保护方面的培训,使工作人员能深入人民群众中进行生态环境保护方面的法律法规、环境标志、清洁生产等方面的宣传。

其次,对于大众媒体来说,应积极发挥传播作用,充分利用多种媒介,如互联网、电视、广播等媒介,广泛开展多渠道、多形式的宣传活动,提高广大人民群众的环保意识和增强环境保护的责任感。

最后,学校作为重要的教育场所,应开设环境教育课,在学校加强生态环境保护的专业教育,促进学生群体树立生态环境保护意识,促进他们影响身边更多的人树立环保观念、参与环保行为。

(二)加强领导,建立生态环境保护综合机制

在市场经济下,各种市场主体的经营行为具有自发性和利益驱动性,破坏生态环境的行为不可避免,因此,必须建立健全生态环境保护综合机制,促进社会经济的良性发展、促进生态环境资源科学有度的开发。

政府在加强领导、建立生态环境综合机制方面有不可推卸的责任,同时,也具有最大的决策与管理权力。

从宏观角度来说,政府应加强对生态环境保护综合决策的宏观调控,把握好生态环境保护的总体发展方向。具体做好以下几方面的工作。

(1)建立环境质量行政领导负责的相关制度,层层推进各级政府环境保护的目标责任制。

(2)各级政府要与本地的农业、林业、水利、土地和畜牧等部

门签订环保责任状,各部门要负起责任。

（3）各级政府的相关项目开发中,要明确落实生态环境保护责任人。

（4）各级政府应结合本地区情况建立并不断完善资源开发生态环境保护与开发机制。

（5）各级政府形成切实有效的管理体系,在重大经济与发展规划的决策上必须考虑环境因素。

（6）派遣环保专业人士和代表对政府各部门的生态环境保护的执行情况进行监督和考察,建立奖惩制度。

（7）鼓励人民群众就生态环境保护问题积极献言献策。

（三）加大执法力度,依法保护生态环境

环境法制建设与依法行政是加快生态环境保护工作进程的保证。在相关项目的开发中,必须严格执行环境保护和资源管理的相关法律法规,如果开发建设项目破坏环境则要坚决禁止。对于破坏生态环境的违法行为要严厉打击。

加快环境立法,抓紧制定生态环境保护的法律法规,逐步完善地方生态环境保护法规体系,做到有法可依、有法必依、违法必究。

加大生态环境保护的执法力度,依法执行环境影响评价制度,规范生态环境管理,对于没有进行环境保护、造成重大生态环境破坏的项目,按照法规严肃处理。加强对重点区域生态环境保护与治理恢复的监督力度,使项目资源开发与生态环境保护走向法制化。

（四）建立生态环境保护监管体系

市场经济发展是追求利益的,而环境保护必须在遵循自然规律的基础上,合理地保护是体育旅游项目的生存根本。此外,体育旅游资源也有其生命周期,一般可划分为初创期、成长期、成熟期、衰退期。这个生命周期的长短受多方面的影响。在体育旅游资源的开发过程中,一定要做到开发与保护并重。面对追求经济利益对资源的无限索取,仅靠个人和企业自觉是无法实现的,必须建立健全生态环境保护监管体系。

各级人民政府应做好以下工作。

(1)调查本地生态环境,制定出本地生态功能区划和生态环境保护规划。

(2)合理布局本地资源开发和产业发展,推动经济社会与生态环境保护协调发展。

(3)土地、草原、矿产等重要资源开发和重大项目建设,严格进行环境影响评价,工程建设与生态环境保护及恢复措施同时设计、同时实施、同时检查验收。

(4)落实资源开发与项目建设环保追责。

各级专业部门,农、林、水利等部门结合自身情况,建立生态环境保护监管体系,履行各自职责,做好规划与管理。具体应做好如下工作。

(1)将生态环境治理和恢复作为工作重点。

(2)防止土地荒漠化和水土流失。

(3)做好水资源开发,确保群众生态用水。

(4)禁止破坏草场、植被。

(5)发展一批生态保护区。

(6)加强基础设施建设和生态环境保护监督管理。

体育旅游部门应在生态环境保护中做好以下工作。

(1)制定体育旅游自然生态环境保护条例,促进人与自然的和谐发展。

(2)在体育旅游业的各个开发环节,都应该重视规范化操作,严格遵守环保法律法规要求进行资源开发和项目建设作业。

(五)增加生态保护投入,加大科研支持能力

不管是什么项目、什么资源的开发,必须建立在保护生态环境的基础上。在项目资源开发上必须制订生态保护计划,确保生

态环境保护的资金到位,如果没有专项资金的不予批准,已经开工的责令其暂停。

新时期,应加强生态环境保护的科学研究及对环境友好的新技术的应用,利用科学技术完善体育旅游项目的开发与建设,进而保障生态环境保护的科技支持能力。

宏观方面,各级政府与部门应鼓励各企业和组织进行先进科学技术的研发与使用,尽量避免对自然生态资源开发利用过程中的环境破坏。

微观方面,企业自身应增强科技创新意识,加强对科学技术的研发,提高科学技术自主研发和创新能力,使现代技术与体育旅游资源的开发结合起来,充分保障各地区资源的原生性,在某些旅游产品中运用现代科技是非常必要的。例如,开展登山运动时,可借助现代测量技术选择适宜登山路线,以免对自然风景区造成破坏。需要特别提出的是,各技术研发创新企业应树立全局观,企业应对生态环境保护的科研成果大力宣传推广,提高生态环境保护的科技水平。

(六)分类指导,实现生态环境保护的分区推进

我国地域辽阔,环境复杂多样,有着超过 13 亿的人口,因此生态环境相对脆弱,在经济建设中面临着很大的压力,导致我国生态环境保护工作面临种种挑战。在这种形势下,我国的生态环境保护工作要进行多方面的思考与创新。要紧紧围绕重点地区的生态环境问题,制定生态环境保护规划,实行分类指导,实现生态环境保护的分区推进,以此来带动和推进全区的生态环境保护工作。

各地区首先要全面调查本地的生态环境,全面分析生态环境的现状,重点抓好以下三种类型区域的生态环境保护工作。

(1)重要生态功能退化区:制定具体保护规划,进行抢救性保护。停止一切破坏性建设活动。

(2)重点自然资源开发区:强制性保护。制定生态环境保护

办法,建立环保评价体系,加强生态环境保护监管,坚持项目开发与生态环境保护同步规划、实施、检查验收。

(3)生态良好地区:积极引导和经验总结,制定相关政策措施,不断深化生态示范区建设,建立一批经济、社会和环境协调发展的范例。

我国地域广阔,各地区的生态环境保护与体育旅游资源开发情况不同,面临的各种问题也不同,实践证明,我国各地区进行生态环境保护必须进行跨地区的相互学习、借鉴,并结合各地区的特点,走一条适宜本地区体育旅游开发和生态环境保护的创新之路。

另外,体育旅游主题公园的建设、体育旅行社信息网络管理等都需要现代科技的大规模投入,才能充分发挥出各地区体育旅游产品的竞争优势。

(七)积极开展国际环境保护交流与合作

作为联合国常任理事国之一,我国对生态环境保护有着义不容辞的责任与义务。

事实也证明,我国在环境资源保护方面所做的工作是非常多的,而且取得了良好的环境保护效果,目前我国已签订了多项生物多样性保护和生态保护的国际公约,并公开公约内容,切实承担相关国际义务,为全球生态环境保护做出了贡献。

全球化发展进程中,进行国际交流是为了做好我国生态环境保护和建设的重点工作。

四、生态环境保护与体育旅游发展

生态环境是人类生存和发展的所有外界条件的总和。市场经济条件下,体育旅游的发展是可以实现与生态环境保护的相互促进的。应在体育旅游业和生态环境保护的共同角度上看待可能出现的各种发展性问题,要想使体育旅游健康发展,就要对生态环境进行保护。另外,生态环境保护需要得到体育旅游产业发展所带来的经济效益的有力支持。

生活在城市中的人们每天都面对着很多污染,如雾霾、噪声、沙尘暴等,人们一直对良好环境有着与生俱来的渴望。对于游客来说,肯定不希望去一个有环境污染的地方旅游。开发好体育旅游资源,就必须投入一定的资金来改善环境,优美的环境能吸引更多游客前来,体育旅游的发展离不开游客产生的经济效益。

体育旅游活动是一种积极、健康、向上的活动,它和一般的旅游活动不同,体育旅游中有很多体育运动项目,让游客亲自参与进来,体验到体育运动带来的刺激感与成就感。通过体育旅游,不仅游山玩水,还能锻炼身体,释放日常生活中的压力,是现代人娱乐休闲的一种新选择。体育旅游中的民风民俗的表演也是招揽游客的好手段,是地域文化的一道亮丽风景线,体育旅游能够让一个地区更加美丽,创造更多价值。

为了保护体育旅游地区的生态环境,就要采取一定的举措。比如很多景区对每日游客量的限制就是一种环保措施。

第二节　体育旅游生态环境的国内外研究进展

一、体育旅游造成环境污染的相关研究

体育旅游的生存和发展既对生态环境有很大依赖,同时又对生态环境产生破坏。体育旅游倡导可持续发展,相关学者认为体育旅游与可持续发展之间存在一种天然的耦合关系。体育旅游作为旅游业的一大分支,作为旅游业中的新业态,不可避免地对生态环境产生影响,受到生态环境的制约,这种破坏与影响打破了人与自然的和谐,值得关注。

(一)对大气环境的影响

很多体育赛事被作为一种体育旅游产品进行商业操作,这其中无形中对大气造成相当严重的污染。如 F1 赛车、世界汽车拉

力赛、摩托车赛、卡丁车赛、摩托艇赛等都是大功率、高噪声、重污染的运动机械竞赛项目,这些机器排出的大量废气给当地的空气造成不同程度的污染。前来观赛的观众从四面八方赶来,大量流动人口对本地交通提出了更高要求。再如,热气球、跳伞等运动对旅游工具的依赖都在一定程度上加剧了空气污染。另外,体育旅游活动所产生的噪声给当地居民的日常生活带来了极大的不便。如第 27 届悉尼奥运会举办期间,悉尼本地有 50 万居民选择撤离自己的家园,原因就是他们无法忍受奥运会带来的喧嚣。

(二)对水资源的污染

有很多体育旅游活动项目需要利用到水资源。像钓鱼、赛艇、漂流、划船、游泳、潜水、冲浪、摩托艇等与水有关的运动会直接或间接地污染水环境。一些开展水上项目的河流、湖泊、海滩上随处可见乱扔的垃圾、机油、清洁剂和其他残留物,这些都对周围的水域环境造成了严重污染。青海湖湖水盐化、水面下降,湖区生态恶化;九寨沟和黄龙景区森林面积缩小,湖泊退化等。

体育旅游活动虽然不像工业"三废"直接危害人的健康,但它对生态环境所带来的破坏和污染也是非常大的。因此,重视生态环境的保护,科学指导和规划(如新技术采用、废品排放、场地选址和建设、产品包装等),在体育旅游业发展的每一个过程中都增强环保意识、落实环保行为,才能真正促进我国体育旅游产业、体育旅游文化、自然生态环境的可和谐共生。

新时期,在环保理念下,我国很多地区在发展体育旅游业的过程中,兴建了大批被称为"绿色环保"的体育旅游项目,这些项目为我国的体育旅游发展进程中的环境保护建立了榜样和模仿,值得各地区学习借鉴。

(三)对地质地貌的污染和破坏

虽然体育旅游产业的发展、体育旅游产品的开发一再强调倡导开发与保护相结合,但有些体育旅游环境和体育旅游设施对土地的地质和地貌产生无法挽回的影响,将原本丰富的自然生态系统打破,使体育旅游资源不得不承受着游客对环境的破坏。

从我国旅游发展来看,游客对环境的破坏是惊人的。山东泰山景区为方便游客修建了索道,提升了泰山的旅游业的经济效益,但也使泰山的正面山体开膛破肚,使 15 000 立方米的土石上的植被遭到灭顶之灾。很多地方在没有进行调研的前提下盲目地建造大量高尔夫球场,既没有收到经济效益,又破坏了本地环境。

如此看来,环境的时间、空间和承载能力成为体育旅游发展与生态环境保护之间的矛盾焦点。要想实现体育旅游的可持续发展,必须从环境保护与生态平衡的角度入手,对体育旅游与生态环境之间的关系进行深入研究。

二、体育旅游与生态环境保护的相关研究

（一）可持续发展理论内涵为实现体育旅游可持续发展提供了外部环境

随着生态的失衡,人们开始重视环境保护,并提出了可持续发展的理念方针。在可持续发展的研究上,各种概念、模式的提出极大地丰富了可持续发展的内涵,也使旅游业的发展具有新的理念。澳大利亚学者提出了从环境适应性来探讨旅游发展规划的设想,将环境规划和旅游规划同步进行,这体现出可持续发展的思想。

1990 年,Globe'90 国际大会在加拿大召开,这次会议构筑了旅游业可持续发展的基本理论与框架,全面阐述了旅游业可持续发展目标体系,这其中包括强化旅游与生态意识及保护旅游资源。

1993 年,《可持续旅游》在英国创刊,标志着人类对旅游可持续发展的研究上升到新的阶段。1999 年,世界旅游理事会(WT-TC)、世界旅游组织(WTO)和地球理事会(EC)将可持续旅游定

义为:既要顾及现时游客及旅游地区的需要,同时亦要保障和增加未来的发展机会。为达到这个目标,在管理资源时便须同时满足经济、社会及美学的需要,亦要保存该地的文化传统、基本生态发展、生物品种及生态系统。

1995年,联合国教科文组织、环境计划署和世界旅游组织在西班牙共同召开旅游可持续发展世界会议,通过了《旅游可持续发展宪章》和《旅游可持续发展行动计划》。确定了旅游的可持续发展思想方法,明确了旅游资源保护、开发和环境保护的重要性,并指出旅游发展必须与环境保护相结合才能实现持续发展。

(二)国际奥运会的环境保护政策为实现体育旅游的可持续发展提供了政策导向

早在1974年,国际奥委会就在环保方面提出相应的要求。1991年,国际奥委会对《奥林匹克宪章》进行修改,要求从2000年开始,所有奥运会申办城市必须提交一项环保计划。

1992年,国际奥委会和多个国际单项体育联合会及国家奥委会签署了旨在保护环境的"地球誓约"。

1995年,国际奥委会再次对《奥林匹克宪章》进行修改,将保护环境列为一项重要任务。

1997年,第三届世界体育与环境大会召开,制定了《奥林匹克21世纪议程》,在体育发展和环境上提出具体计划。

2001年,第四届世界体育与环境大会提出"给地球一个体育机会"的倡议,强调体育发展的可持续发展原则,并促使这一原则在全球推广、实现。

(三)2008年北京奥运会的"绿色奥运"理念值得体育旅游业借鉴

体育旅游市场是整个体育市场的重要组成部分,体育旅游业的发展离不开体育产业的发展,奥运会等大型赛事对承办国的旅游和经济发展的促进作用更是显著。

体育旅游业有着蓬勃生机和巨大的市场前景。2008 年北京奥运会毫无疑问给北京这座城市带来了巨大生机。在基础设施建设上,面对北京的空气污染问题,政府投入巨资进行整治;城市污水处理率达到 42%;构建北京三道绿色生态屏障,完成了 3.5 万亩绿化任务;在机场、车站、城市道路的建设投资超过 1 000 亿元。在比赛场馆的建设上也是有条不紊地进行,为绿色奥运会旅游的开发创造了先决条件,最终举办了被时任国际奥委会主席罗格称赞为"无与伦比的奥运会"。

2008 年北京奥运会的成功举办进一步推动了我国的体育旅游的发展,而 2022 年北京冬奥会的申办成功又使我国冰雪旅游产业迎来春天。2008 年北京成功举办了夏季奥运会直接拉动了我国旅游业的发展,直接促进中国旅游业在 21 世纪前 10 年迈上新的台阶;而 2022 年北京将要举办冬季奥运会促使我国体育旅游产业,尤其是冰雪运动产业开启一个新的时代。

(四)生态学的基本原理和方法为体育旅游的发展提供理论基础

当前,体育旅游发展问题与生态环境保护问题已经成为全世界都面临的重要课题,这一课题也促进了很多学者的积极研究,尝试通过理论论证和方法指导解决体育旅游与生态环境之间的矛盾,从旅游与环境的相互联系的角度探索可持续发展之路。

一些学者在体育旅游与环境保护的和谐发展问题方面提出了许多建设性看法与观点。代表性观点有如下几种。

(1)在不危害生态持续性、旅游地居民利益的基础上,实现旅游业的长期稳定和良性发展[①]。

(2)建立生态体育旅游可持续发展模式,有效避免对环境的破坏。

(3)通过保护旅游资源和地域文化完整性,平衡经济利益,实现公平、互利互惠与共享。

---

① 李青山,李伟. 对我国体育旅游发展的理性思考[J]. 辽宁体育科技,2005(4).

（4）深入研究体育旅游的承载力，控制生态容量，保护生态环境，确保资源长期、稳定利用。

（5）研究新的环境下对濒危动物的保护方法和对水资源、大气环境的保护措施与方法。

第三节　体育旅游生态环境评价体系的建设

一、体育旅游生态环境评价原则

（一）突出生态旅游开发价值

体育旅游生态环境评价是为体育旅游的开发与发展服务的，必须突出体育旅游的开发价值。首先，进行评价的重点在于评判体育旅游是否符合生态环境保护的含义，而不在于传统意义上对旅游价值的评定。其次，评价可以从产品和市场的开发入手，但要注意的是在资源环境保护的前提之下进行。

（二）寻求多种方法论的统一

体育旅游生态环境是一个十分复杂的环境系统，要想对体育旅游生态环境做出一个客观全面的评价，就应该综合运用多种方法论指导评价过程，当前用于体育旅游生态环境评价的方法论主要有经验主义、结构主义、实证主义、人文主义、社会生态等方法，它们各有特色，但也有不足，因此应取长补短，多种方法结合。

现阶段，我国针对体育旅游生态环境评价的相关实践经验还不够丰富，还需要更多的方法论进行科学指导，并需要进行案例研究来不断充实。通过实证检验和改进，以使得对体育旅游生态环境的评价更具科学性。

（三）采用定量与定性相结合的方式

在针对体育旅游生态环境进行评价的过程中，评价体系中的很多方法都可以使得评价者有多种选择,哪一种评价方法更能反映体育旅游生态环境的整体状况,需要评价者进行综合考虑与选择。

根据评价方法进行分类,最常见的分类是定量评价与定性评价,这两种评价方法各有特点与侧重,为了使得体育旅游生态评价更加科学,应综合使用这两种评价方法。

二、体育旅游生态环境评价程序

(一)体育旅游生态环境调查

调查的目的是为评价提供基本依据,因此评价过程必须由专业人员负责。开展体育旅游生态环境评价调查,通过不断查阅资料和讨论研究,最终确定主要项目,如图 5-1 所示。

(二)体育旅游生态环境评价

全面调查了体育旅游生态环境的整体状况和各种细节之后,结合评价人员的实地考察,共同组成体育旅游生态环境评价,评价的具体方式包括专家评价、游客评价。

专家评价应该包括各个方面的专家,如地理、经济、文化、社会等领域的专家,通过综合性的学术评估,以确保体育旅游生态环境评价的全面性。

游客评价中,由于游客的年龄、性别、教育水平、经济基础等存在较大差距,而且不可能在短时间内对体育旅游生态环境进行专业详细的描述,因此可以通过制订量表,向游客发放调查问卷的形式,让游客能在几分钟的时间内完成环境评价。

综合专家和游客的评价,最后对体育旅游生态环境做出专业、客观、详尽的评价。

(三)体育旅游生态环境评价的因素指标

由于生态旅游资源评价尚属新生事物,必须进行资源开发后的适宜性验证。验证时要排除因不按照资源评价所提示开发方向而随意开发的后果对资源评价的干扰。开发后验证可以修正资源评价标准体系。

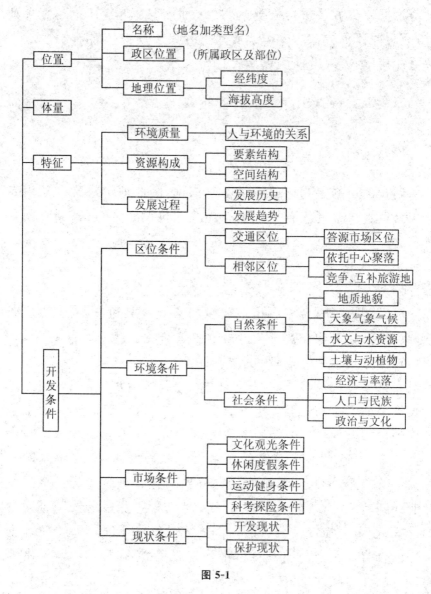

图 5-1

下面介绍两种评价标准体系。专家评价如表 5-1 所示,游客评价如表 5-2 所示。

表 5-1 专家评价

评价项目	评价因子
特征价值(50 分)	环境容量(10 分) 环境质量(10 分) 要素集中性(5 分) 要素多样性(5 分) 人与环境互动方式(5 分) 功能多样性(5 分) 特色突出性(5 分) 主题鲜明性(5 分)
开发价值(40 分)	通达性(4 分) 体量(4 分) 气候舒适度(4 分) 适游期(4 分) 互补性(3 分) 依托性(3 分) 竞争性(3 分) 水资源(3 分) 政策环境(3 分) 社区发展程度(3 分) 开发合理性(3 分) 保护合理性(3 分)
品牌价值(10 分)	知名度(4 分) 吸引力(3 分) 稀缺度(3 分)

表 5-2 游客评价

评价项目	赋　值
环境质量	14
通达性	12
气候舒适度	12

评价项目	赋　　值
环境多样性	10
人与环境互动性	10
功能多样性	10
主题鲜明性	8
知名度	8
保护合理性	8
开发合理性	8

三、体育旅游生态环境评价标准

(一)定性评价标准

定性评价是一种宏观性的评价,是对评价对象做出的整体评价,具体包括品位和特色两方面。

体育旅游生态环境的品位,表现在其资源定位程度上,如"国内特有""省内唯一"等。

体育旅游生态环境的特色表现在其资源特殊性上。如"北京奥运会主体育场""世界杯决赛赛场"等。

(二)定量评价标准

定量评价是利用可量化的标准对评价对象进行层次与等级的明确划分,对于体育旅游生态环境评价的定量标准体系的确立,具体方法如下。

(1)调查并筛选评价因素,综合专家意见、游客意见,并进行实践检验。

(2)构建层次分明的评价体系。

(3)对评价体系进行赋值,用比较矩阵确定分值。

(4)确定综合分值计算方法。

第四节　体育旅游生态环境的预警管理

体育旅游生态安全是生态安全理论在体育旅游方面的应用，是体育旅游可持续发展的核心和基础；体育旅游生态环境预警是衡量体育旅游生态环境触及警戒标准并发出预警信号的过程，是一种问题监测和预防手段。

一、体育旅游生态环境预警评价方法

（一）PSR 模型与 AHP 分析法

体育旅游生态环境预警的评价方法中，通用方法为压力—状态—响应模型（PSR）和层次分析法模型（AHP）。

PSR 模型多考虑自然、社会、经济等多方面因素。

AHP 分析法的区域生态环境预警研究，可赋予指标不同的权重。[1] AHP 分析法构建的预警指标体系，可结合 SPSS 和 MATLAB 软件对风景区进行实证分析。[2]

（二）综合指数法

综合指数法，可有效涉及整个旅游生态环境的各个自然关键因子，属于多因子小综合评价法。具体应用如下。

（1）分析旅游地生态安全变化规律。

（2）建立表征各生态安全因子特性的指标体系。

（3）确定评价标准，建立评价函数曲线。

（4）根据因子的相对重要性，赋予权重。

---

[1] 傅伯杰. AHP 法在区域生态环境预警中的应用[J]. 农业系统科学与综合研究,1992(1).

[2] 张健. 自然景区生态安全预警指标体系与方法研究——以杭州天目山自然风景区为例[D]. 浙江大学,2009.

（5）综合各因子的变化值，得到生态安全测度值。

运用综合指数法对旅游生态环境进行分析的成功案例：在国外，Tony Prato 对国家公园的 AEM 建模中选取了 M1、M2、M3、M4 的四个指标。Eugenio Martin 通过概率和弹性力学构建旅游社会承载力随机效用模型。在国内，曾琳以矩阵和权重的形式对预警系统进行了测算[①]；杨春宇等人构建了生态旅游环境承载力预警系统的数学模式[②]；游巍斌等人运用矩阵等对生态安全的等级进行构建。[③]

（三）模糊评价法

模糊评价法以模糊隶属度理论为基础，将定性指标科学合理的定量化，从而有效解决了现有评价方法中评价指标单一、评价过程不合理的问题。模糊评价法将定性与定量相结合，具有很高的综合化程度，已在资源与环境条件评价、生态评价、区域可持续发展评价等各方面广泛运用。

曹新向通过模糊评价法对生态预警指标进行深入研究，并将模糊评价法与综合指数法进行对比。[④]

赵新伟充分借鉴了生态环境能力建设的临界调控思想，通过模糊综合评价法对开封市的旅游生态安全预警进行初步评价。[⑤]

二、体育旅游生态环境预警模型构建

（一）单一化预警模型

单一化预测模型包括单一指标和多指标两种，具体来说就是

① 曾琳. 旅游环境承载力预警系统的构建及其分析[J]. 燕山大学学报,2006(5).

② 杨春宇等. 生态旅游环境承载力预警系统研究[J]. 人文地理,2006(5).

③ 游巍斌等. 世界双遗产地生态安全预警体系构建及应用——以武夷山风景名胜区为例[J]. 应用生态学报,2014(5).

④ 曹新向. 基于生态足迹分析的旅游地生态安全评价研究——以开封市为例[J]. 中国人口·资源与环境,2006(2).

⑤ 赵新伟. 区域旅游可持续发展的生态安全预警评价研究——以开封市为例[J]. 平顶山工学院学报,2007(6).

确定某一指标或不同指标的预警值,通过指标数据与预警值的对比,了解旅游景区所处的预警区域。

在单一指标的预警模型中,杨永丰运用拐点理论对旅游地生命周期预警效应的研究很有代表性,通过由拐点测算的单一数值,将预警分为理想、良好、停滞、衰退及恶化五个等级标准。

对于由多指标构成的单一化预警模型的研究,游巍斌等人针对不同指标的综合测算,将旅游生态环境预警划分为不同的预警层级。

(二)系统化预警模型

系统化预警模型是发展了的单一化预警模型,从预警的"事前—事后—事中"的研究逻辑进一步发展,逐渐向动态、开放、信息化发展。

以下列举各学者的研究实验进行简要说明。

霍松涛的旅游预警系统,包括旅游警情动态监测子系统、旅游警兆识别子系统、旅游警源分析子系统、旅游警度预报子系统、地理信息技术辅助子系统。[①]

王静等人的预警系统,增加了预警控制阶段,包括排除警患、警后控制和信息反馈这三个方面。[②]

陆均良等人设计出水利风景区生态预警系统,向横向拓展。并能够获取景区生态信息现时数据,可预测生态信息的未来值,实现与景区预警阈值比较的横向过程。[③]

陆均良和王静分别从预警系统的源头和结尾进行纵深优化探索,为其他学者的研究提供了有效参考。

曾琳和赵永峰的预警模型,划分了预警指标模块、指标权重模块、警戒区间模块、预控对策等模块[④]。

① 霍松涛. 旅游预警系统的初步研究[J]. 资源开发与市场,2008(5).
② 王静,祝喜. 旅游安全预警的相关研究[J]. 浙江旅游职业学院学报,2009(3).
③ 陆均良,孙怡. 水利风景区生态信息构成与生态预警控制研究[J]. 水利经济,2010(6).
④ 赵永峰,焦黎,郑慧. 新疆绿洲旅游环境预警系统浅析[J]. 干旱区资源与环境,2008(7).

曾琳还自主研究出旅游环境系统稳定分析模型,并推导出景区人流量动态预测公式。

(三)信息化预警模型

当前社会已经进入信息科技高度发达的社会,随着信息科技的不断发展与进步,现阶段,互联网技术、GIS(地理信息系统)技术、网络系统、BP 网络模型等,各种信息技术的应用日益广泛,这些技术也被应用到了体育旅游生态建设领域,并为更科学地构建旅游生态预警模型提供了技术指导。

刘振波等人利用 Web GIS 技术,在建设绿洲生态预警信息系统的过程中使 GIS 基本的视图显示功能提供数据可视化显示,使其服务于预警决策信息的提供上。[①]

胡伏湘通过 GIS 技术和空间数据库技术,将预警系统分为六大模块,分别为管理模块、系统监控模块、信息采集模块、输出查询模块、报警处理模块和决策分析模块,其中管理模块包括输入基础数据、应用参数等。[②]

闫云平等人采取客户端—服务器的开发模式,将 visual Map 作为 GIS 组件库,建立了西藏景区生态安全预警系统。[③]

王汉斌等人对 BP 网络模型预警系统进行深入研究与运用,将旅游安全预警基础指标作为输入层神经元,通过隐含层神经元的数据处理,得出输出层神经元即旅游安全状态。[④]

总体来看,信息化预警模型具有方便、快捷的优点,但在选择相应的函数、设计层级结构等基础条件需要具体情况具体分析。

---

① 刘振波,倪绍祥,赵军. 绿洲生态预警信息系统初步设计[J]. 干旱区地理,2004(1).

② 胡伏湘. 基于 GIS 技术的旅游景区生态预警系统研究[J]. 软件,2011(12).

③ 闫云平等. 西藏景区旅游承载力评估与生态安全预警系统研究[J]. 重庆大学学报,2012(35).

④ 王汉斌,李晓峰. 旅游危机预警的 BP 神经网络模型及应用[J]. 科技管理研究,2012(24).

第六章　体育旅游安全及其保障体系研究

体育旅游属于高危旅游形式,体育旅游的安全问题一直制约着体育旅游的健康与持续发展,同时也给社会的和谐安定造成了威胁。鉴于我国体育旅游发展时间短、安全问题多且影响因素复杂,所以有必要深入探讨体育旅游的安全问题,提出安全策略,促进体育旅游安全健康发展。本章主要对体育旅游安全及其保障体系进行研究,主要内容包括体育旅游的安全现状及制约因素、常见伤害事故及处理、安全准备、体育旅游安全救援体系及安全保障建设。

第一节　体育旅游安全现状及制约因素分析

一、体育旅游安全现状

(一)安全问题种类多

体育旅游活动内容在数量上和形式上都很丰富,不同旅游活动的开展都会受到相关因素的影响,因此也会产生各种各样的安全问题。从新闻报道上的体育旅游安全事件中可以总结影响体育旅游安全的因素,出现安全问题的原因,并为以后的体育旅游活动提供经验,也警醒他人在体育旅游中尤其是危险的体育旅游活动中要时刻注意安全。

体育旅游参与者可以分为两种类型,一种是首要体育旅游者,还有一种是附带体育旅游者。这两种类型的体育旅游者的共同点,即主要出游动机是参与体育活动,但参与方式和目的的不同是这两类体育旅游者的不同之处。正因如此,他们在旅游过程中遇到的问题也各有差异,不同的影响因素又会造成不同的安全问题。可以说,只要参与体育旅游,都会受到各相关因素的影响,而一旦受到外界或自身因素的影响,就都有可能遇到这样或那样的安全问题,只是遇到问题的概率有大有小,遇到的问题有轻重之分。参加体育旅游的所有参与者都有可能遇到安全问题或事件,总之,体育旅游安全问题又多又复杂。

（二）安全问题性质严重

安全问题是人类一直以来都非常关注与重视的大问题,安全问题包括人身安全问题、财产安全问题等,不管是哪种安全问题,影响都非常大。作为世界上最具普及性的活动,体育运动的安全问题非常突出,体育旅游活动丰富多彩,其在给人们带来激情和欢愉的同时,也存在很多安全隐患。

不同类型的体育旅游活动中出现安全问题的概率大小不同,问题的严重程度也有区别,一般情况下,最不容易出现安全问题的是健身类旅游活动;观赏类旅游活动出现安全问题的概率比前一种大,但比挑战极限类旅游活动小,也就是说,极限类旅游活动相对而言是最不安全的一类旅游活动。

（三）缺乏安全意识

缺乏安全意识是导致体育旅游中出现安全问题的一个主要原因,这里不仅是指旅游者这方面意识薄弱,也包括旅游业工作人员,有时安全问题的产生不仅是因为旅游者安全意识薄弱造成的,也与工作人员缺乏这方面的意识有关,有时甚至就是因为从业人员在思想上忽略了安全,没有检查器材设备等,所以才造成了旅游者受伤等安全事件发生。

旅游者一般通过亲自经历、亲友介绍、新闻媒体三个渠道认识安全问题。当前,体育旅游者普遍对体育旅游的安全问题没有清晰的概念,而且旅游者因为自身经历以及一些外在影响的原因，不太重视旅游安全，所以不会事先预测可能会出现的突发状况，也不会做好应对准备，真正遇到突发状况时惊慌失措、手忙脚乱，造成严重后果。

目前，安全意识淡薄的问题在大多数体育旅游项目中都普遍存在，而且不仅发生在旅游者身上，也发生在组织者身上，体育旅游者意识淡薄、欠缺经验，组织者的经验也不足，因此面临的安全危机十分严重。

现代社会网络极其发达，旅游爱好者在各种交友软件上加入共同兴趣爱好的群，然后相约一起外出游玩，很多人都是一时兴起或跟风，在准备不足的情况下就出发，而且为了彰显个性和勇气而去别人很少去的地方，并没有认识到自己可能遇到的危险，也没有做好预防和应对风险的准备。

此外，组织人们参与探险类旅游活动的人大都是不符合条件的，但因为缺乏对他们资质的审核，所以这种活动门槛低，组织者召集人，三五成群就出发，而这样往往会酿成大祸，虽然民间探险爱好者自发成立了探险组织，但这些组织的专业性也没有保障，不够规范，管理上也严重缺位，对组织成员的探险活动也几乎不负责。

（四）安全措施流于形式

受历史因素的影响，我国体育产业进行体制改革的时间很晚，目前正从计划体制向市场体制过渡，还没有完全厘清产业体制，非市场经济的思想和做法仍然存在，如果不从市场要求和实际情况出发，盲目开展各种体育旅游活动，不注重安全措施，最终将会出现严重的安全事故。

在旅游过程的判断中，旅游安全措施是非常重要的指标，但目前来看，很多体育旅游项目中只有一些流于形式的安全防护措施，以下问题普遍存在：防护设备年久失修，有较高危险性，如有些登山索道、缆车绳索、扶梯等设备看起来运行正常，可是距离上次检查和维护已经隔了很长时间了，即使经过检查和维护，也是为了完成任务,很少有尽职尽责的工作人员。此外,在漂流项目活动中,水势较急的地方没有采取防护措施,导致事故频发,这一方面与资金紧缺有关,但主要的原因是景区管理人员缺乏安全意识。

（五）缺乏安全管理

安全管理体制的缺失对我国体育旅游的健康发展造成了严重的影响。安全管理在体育旅游尤其是具有挑战性的体育旅游中是必不可少的,如果这方面工作开展不到位,很容易造成安全事故。安全事故多出现在户外旅游活动中,缺乏安全管理一方面是因为思想上不重视,另一方面是因为缺乏开展安全管理工作的经济条件,如因经济条件不良而无法配备保护装备等。

具体来说,体育旅游活动中缺乏安全管理的主要原因有以下几方面。

首先,户外体育旅游项目的开展对原始生态自然环境的依赖性很强,这类项目具有原生性,因此造成现代化保护措施的缺失,无法准确预见与及时控制自然环境的变化,因此产生危险的可能性比较高。

其次,少数民族项目中室内项目较少,室外项目多,如狩猎、骑马、滑草等都是室外项目,因此自然环境会在很大程度上制约这些体验式的体育旅游项目,自然环境的潜在危险对体育旅游构成了一定的威胁。

二、体育旅游安全的制约因素

体育旅游安全的制约因素包括人为、设备、环境与组织管理四个方面,这与户外运动安全的影响因素相似,如图 6-1 所示。

下面具体分析这些制约因素。

（一）人为因素

人为因素主要是体育旅游者个人的因素,如安全意识薄弱,安全防患知识储备少,没有丰富的户外运动经验,各方面准备不到位,忽略了活动中的潜在危险,几乎不参加专业培训。在活动中感觉不舒服时不及时反馈,自己隐忍,在遇到困难时不求助,有时单独一个人行动,缺乏与队友的沟通,对组织者的指挥也不服从。有时只是受了小伤,只要及时处理便可以无大碍,但因为缺乏急救常识,耽误处理的最佳时间,从而造成严重的损伤。这些都是体育旅游中容易造成安全事故的个人因素。

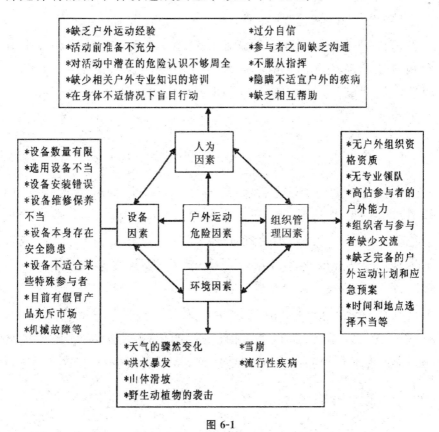

图 6-1

(二)设备因素

体育旅游中安全事故的发生与设备因素也有一定的关系,主要表现在以下几方面。

(1)设备数量有限。

（2）设备本身有安全隐患。

（3）户外运动装备为假冒劣质产品。

（4）设备选用不当。

（5）安装设备出现错误。

（6）设备操作不当。

（7）设备没有及时维修保养。

（8）设备不适合用于特殊参与者。

（9）设备出现机械故障等。

许多初级"驴友"在参与探险性体育旅游活动时，因为专业知识和户外经验缺乏，很容易犯设备使用错误这样的低级错误，从而造成伤亡事故，如夜间行进中坠崖、扎营位置不合理而被山洪冲走等。

（三）环境因素

在体育旅游中，受自然环境的影响，容易遇到的洪水暴发、山体滑坡、雪崩、暴风雪、泥石流等自然灾害，这些灾害会带来严重的危害。此外，体育旅游者如果不小心与有毒动植物接触，或被野生动物袭击，或遭遇动乱、战争、流行性疾病等，也会有人身危险。

在体育旅游安全事故的发生原因中，迷路是主要原因之一。有些山地地势复杂，如北京箭扣长城、四川四姑娘山、陕西子午峪等，不熟悉地形的旅游者很容易迷路，从而引发安全事故。

（四）组织管理因素

体育旅游活动的组织者与管理者是体育旅游过程中非常重要的角色，他们的组织管理水平直接决定体育旅游活动能否按计划顺利进行，能否给旅游者带来良好的旅游体验，使旅游者的需求得到满足。当前，我国开展体育旅游业务的组织机构普遍规模较小，且专业水平较低，没有权威性，管理也落后，同时缺乏高水平的组织与管理人才。

　　有些旅游活动只是旅游爱好者自发组织的,经验丰富的旅游者担任领队,但体育旅游是危险性旅游活动,旅游过程中很多事情的发生都在意料之外,提前没有预测到,再加上没有切实可行的旅游计划,所以即使领队经验丰富,也不可能处理好旅游过程中的所有意外事件。而且自发组织的体育旅游活动的领队大都也没有接受专业培训,在组织与管理上缺乏技巧,没有掌握专业方法,旅游者对其可能不信任或不服从,而且旅游者之间也可能不团结、不统一,各自行动,这样很容易造成危险事件的发生。

　　制订体育旅游的计划和应急预案是体育旅游活动组织与管理中非常重要的环节,但这些很多时候都被忽视了,因此在遇到紧急事件时,处理方法不当,容易使伤者因得不到及时救治而更加严重甚至丧失生命。因此,为预防体育旅游中的风险,应提前制订风险管理计划,如图 6-2 所示。

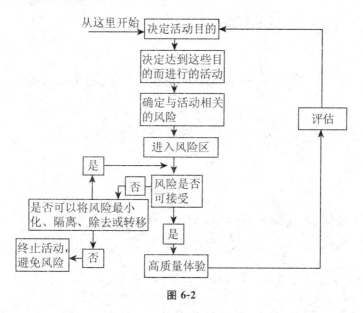

图 6-2

　　图 6-3 是我国体育旅游管理的分布图,体育旅游管理离不开旅游与体育部门、当地行政机关的相互协调,但现实中,以上部门并没有按照流程管理,而是互相推脱,没有达到一管到底的效果。我国体育旅游开发管理多为政府行为,社会参与比例少。行政管理与市场缺乏紧密结合,而且也没有深刻分析国内外的体育旅游

现状,这在我国体育旅游发展不成熟的情况下,对体育旅游的安全管理造成了严重影响。

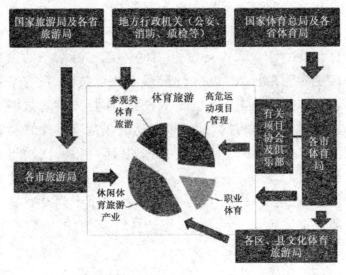

图 6-3

第二节　体育旅游中常见伤害事故及处理

一、中暑

(一)概念

在高温和热辐射的长时间作用下,机体体温调节障碍,水、电解质代谢紊乱及神经系统功能损害的症状总称中暑。

(二)处理方法

发生中暑时,可采取下列急救方法。

(1)迅速从高温环境撤离,在阴凉通风的地方休息。

(2)多饮用含盐分的清凉饮料。

(3)服用人丹、十滴水、藿香正气水等中药。

(4)把清凉油、风油精等涂抹在额部、颞部。

二、溺水

(一)概念

人淹没在水中,水及水中杂质将其呼吸道阻塞,使其喉头、气管发生反射性痉挛,从而引起窒息和缺氧的过程就是溺水。

如果意外落水,附近无人救助,首先应保持镇静,不要乱蹬手脚挣扎,这样只会让身体更快下沉。

(二)处理方法

1. 自救

(1)及时屏吸,快速将脚上的鞋踢走,放松肢体,等待浮出水面。

(2)感觉开始上浮时,保持仰位,头部后仰。不胡乱挣扎,以免失去平衡。

(3)浮出水面后迅速呼吸、大声呼救。

2. 救人

(1)不会游泳的人不可冒失下水,应高声呼叫,同时就近找救生圈、木块等漂浮物,抛给落水者。

(2)如没有找到漂浮物,也可找长竹竿、长绳抛给落水者拉他上岸。

(3)如果周围没有可借助的长条状救生物,将长裤作为救生品,脱下后浸湿,将裤管扎紧充气再将裤腰扎紧,抛给水里的人,告知落水者用手抓住,借以将头浮出水面呼吸。

三、毒虫咬伤

(一)常见毒虫咬伤的情况

1. 蝎子咬伤

蝎子又称"全虫",被它蜇伤后,局部红肿,有烧灼痛,轻者一般无症状。如严重中毒,会出现头痛、头晕、流涎、恶心呕吐、肌肉痉挛、大汗淋漓等症状。

2. 蜈蚣咬伤

蜈蚣俗称"百足虫",蜈蚣咬伤后,会出现局部红肿、热、痛症状;严重者有高热、眩晕、恶心呕吐、全身发麻等症状。

3. 蚂蟥咬伤

蚂蟥叮咬人后,会出现伤口麻醉、流血不止,血管扩张及皮肤水肿性丘疹、疼痛等症状。

4. 毒蜘蛛咬伤

被毒蜘蛛咬伤后,会发生肿胀、肤色变白,痛感剧烈等症状。严重者全身无力、恶心呕吐、发烧、腹部痉挛,甚至危及生命。

5. 蜂蜇伤

被蜜蜂蜇伤后,轻者局部红肿,局部淋巴结肿大,重者发热、头晕、头痛、恶心、昏厥等。对蜂毒过敏者,会有生命危险。

(二)处理方法

1. 蝎子咬伤的处理

(1)迅速拔出残留的毒刺,用止血带或布带扎紧咬伤处上端,每 15 分钟放松 1~2 分钟。

(2)用吸奶器、拔火罐将含有毒素的血液吸出来。

(3)用 5% 小苏打溶液、3% 氨水、0.1% 高锰酸钾溶液等任何一种对伤口进行清洗。

2. 蜈蚣咬伤的处理

用 3% 氨水、5%~10% 小苏打溶液、肥皂水等任何一种对伤口进行冲洗。

3. 蚂蟥咬伤的处理

(1)轻拍被叮咬部位的上方,使蚂蟥从身上掉落。

(2)若伤口流血不止,用纱布压迫止血,持续大约 2 分钟后,再用 5％小苏打溶液清洗,将碘酊涂抹。

(3)倘若依然有出血症状,则敷一些云南白药粉。

4. 毒蜘蛛咬伤的处理

(1)用止血带将伤口上方紧扎,每隔 15 分钟左右放松 1 分钟。

(2)对伤口作"十"字形切口,用力向外挤出毒液。

(3)用石炭酸烧灼伤口,将止血带放松。

(4)用 2％碘酊局部涂抹。

5. 蜂蜇伤的处理

(1)先将蜇针拔出。

(2)用 3％氨水、肥皂水、食盐水、5％小苏打溶液等任何一种对伤口进行冲洗。

(3)用季德胜蛇药或六神丸研末外敷患处。

四、食物中毒

(一)概念

食物中的有毒物质会使进食者身体出现不良反应,这就是食物中毒,细菌性、真菌性、动植物性及化学性食物都可能造成人的食物中毒。

食物中毒来势凶猛,多发生在夏秋季。食物中毒的症状是恶心、呕吐、腹痛、腹泻,有的会发烧。严重的会有休克、昏迷等症状。

（二）处理方法

进食后若有强烈的不良反应，立即催吐，及时就医。

第三节 体育旅游者的安全准备

一、基本物资准备

（一）帐篷

参与户外体育旅游活动时，人们喜欢体验住帐篷的感觉，这能够给旅游者带来家的感觉，遮风又挡雨，安全又舒适。

我们经常看到各种不同的帐篷，如形状不同、花色不同、用途不同，在户外常见的帐篷有"人"字形（图 6-4）、蒙古包式（图 6-5）、屋形（图 6-6）、六角形、拱形等。

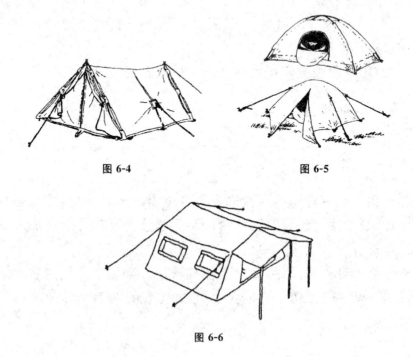

图 6-4 图 6-5

图 6-6

帐篷的类型很多,在选用帐篷时要多加留意,重点考虑以下几个问题。

(1)考虑旅游目的地的气候,如果多雨,要选择防水性好的帐篷。

(2)如果参加登山和探险活动,选择结实耐用的帐篷,不易折弯。

(3)如果在夏天出行,选择单层帐篷,如果是在其他季节出行,适合选择双层帐篷。

(4)最好选用暖色调的帐篷,如黄色、橙色、红色等,识别起来比较容易。

(5)如果没有特殊情况,最好选用双人帐篷,这样更容易架设。

(6)注意对帐篷的保养,延长其使用时间。

(7)不可以在帐篷内野炊,以免引起火灾。

(二)睡袋

睡袋的主要作用是保暖,睡袋是被和褥的结合,保暖效果很好。

睡袋种类较多,以形状为依据,有信封式睡袋和木乃伊式睡袋(图 6-7)两种类型。

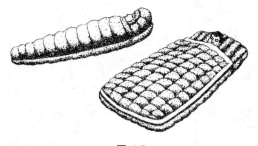

图 6-7

木乃伊式睡袋类似于人体形状,带有头套,侧面有拉链,保暖性能好。

信封式睡袋携带方便,使用舒适,价格较低,家中也可使用。

体育旅游者选择睡袋时,要着重注意睡袋的轻便性、温暖性、舒适性与易挤压性等,并考虑不同睡袋的温标、防水功能等。

（三）炉具

外出参加体育旅游活动,除了解决晚上休息睡觉的问题,还要考虑吃饭的问题,若有野炊的打算,就必须带炉具,市面上的炉具非常多,选择时,考虑因素主要有安全性能、获取燃料的难易度及热效率。

选好炉具后,也要带上防风气体打火机、灯笼、蜡烛,不仅可以做饭用,还能在天气转凉时取暖,在夜晚行路时照明。

二、基本技能准备

（一）明确方向

徒手辨别方向的方法如下。

1. 借助金属丝判定方向

在头发或化学纤维上放一个细的金属丝,然后朝同一个方向摩擦,悬挂金属丝,其指向的方向是南北方向。

2. 根据植物定向

学会根据植物的趋光性、形状、喜阴植物等对方向进行判定。

（二）识别天气

可以观雾识天气,也可以看云识天气,看云识别天气时,方法如下。

1."朝霞不出门,晚霞行千里"

早上天空中出现彩霞,可能是一个坏天气,不适宜远行;如果傍晚出现了彩霞,说明天气不错,可以出门远游。

2."早起乌云现东方,无雨也有风"

夏季早晨,东方天空中出现乌云,会有大风或会下雨。

3."红云变黑云,必是大雨淋"

太阳升起时,天空中有红云,如果红云变成了黑云,会有大雨。

4."日落火烧云,明朝晒死人"

日落后,如果空中出现红云,第二天天气会很好。

(三)安全技能——结绳

在体育旅游中可能遇到冲坠或滑倒的危险,因此要利用好主绳,下面简单介绍几种常见的结绳方式。

1.单结绳环(图 6-8)

用绳圈打一个单结,紧紧拉这个结。

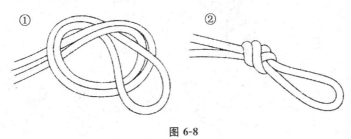

图 6-8

2:单结(图 6-9)

打一个平结,然后两端各打一个结,形成编式 8 字结,最后再打单结以进一步固定。

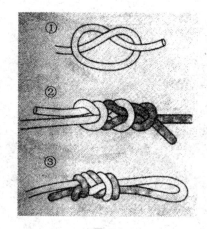

图 6-9

3. 双单结（图 6-10）

用两条一起打单结，将绳子紧紧拉成一条直线，使绳结牢固。

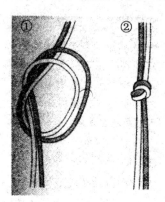

图 6-10

4. 巴克曼结（图 6-11）

绳环向主绳后的钩环扣进，向上拉绳环，从主绳及钩环后面绕 3～5 次。

5. 渔人结（图 6-12）

将两条绳端并列，相互绕过打单结，紧紧拉这个结。

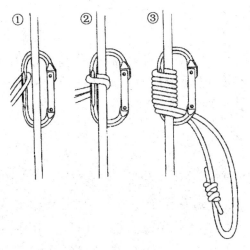

图 6-11

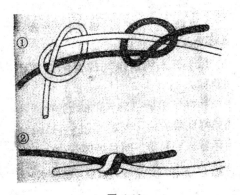

图 6-12

第四节　体育旅游安全救援体系建设

一、我国体育旅游安全救援的问题分析

我国体育旅游安全救援的问题具体表现在以下几个方面。

(一)救援队伍装备不足,能力低

实践证明,各种救援技术和装备的配置在很大程度上决定了旅游事故处置工作能否成功。但目前,体育旅游救援技术装备少,救援队伍整体水平较低与旅游事故频发,导致体育旅游中的救援需要难以得到满足。虽然政府公共救援机构在救援上发挥主要作用,完成了很多救援工作,但应急装备和器材不足,救援队伍专业化程度低的问题依然存在,面对紧急事故配备针对性强、特殊专用的先进救援装备更是谈不上。

(二)法制建设滞后

在体育旅游安全保障系统中,体育旅游安全救援法律法规是基础,其指导着体育旅游安全预警系统、救援系统、保险系统等系统的建立,而且具有规范这些系统的作用。目前,各个层次的安全管理法律和制度已经在日本、美国等发达国家建立,安全管理机构的组织权限、职责和任务得到了非常明确的规定。我国与这些国家相比,完善的救援法律法规严重缺乏,现有的法律法规还没有将各类灾害及灾害预防、预警、救灾、灾后重建等环节全部涵盖进来。整个旅游工作因为高层次法律的缺乏而显得很被动,混乱无序,效率很低,无法保障救援的高效性和及时性。

体育旅游救援法律法规作为体育旅游安全保障体系的基础,对其的建设至关重要,但我国相对于日本、美国等发达国家而言,这方面的法律法规相对不足。目前,我国有《旅游法》这一旅游业的基本大法,但体育旅游与一般的旅游毕竟有区别,体育旅游比较特殊,具有很强的危险性,虽然可以参考《旅游法》,但其中与体育旅游有关的内容很少,而且不成系统,零星分布在不同部分,参考起来有一定的难度,所以不能完全依赖这部法律来解决体育旅游中的问题,针对这一特殊的旅游领域制定专门的法律很有必要。同时,我国旅游综合协调部门在体育旅游的安全救援中也没有发挥应有的作用,临时组建领导小组来应急的方式很容易耽误救援时间,而且该部门在法律机制上也有明显的缺失。近年来,民间救援组织虽然有所增加,但因为专业水平较低,不具备权威性,所以社会认可度较差。

（三）救援体系不完整

我国旅游救援主要包括以下几种类型。

1. 政府公共救援

目前，我国旅游救援的主要力量是政府公共救援，救援费用主要来源于政府拨款。关于遇险者对被救援费用应如何承担，目前我国还没有明文条例规定，救援环境往往很险恶，对人力、物力及财力等资源消耗大，而且救援队伍也有很大的危险，这对政府公共资源配置与救援队伍都是很大的考验。如果在救援中一味动用大量的公共救助资源，甚至不惜以牺牲救援者为代价，也是不合理的，这也反映了旅游救援体系的不合理、不完善。

2. 商业救援

商业救援也是一个比较重要的救援力量，但这类救援组织主要针对境外游客提供救援，受众十分有限，在国内游客发生危险时，这一救援力量所起的作用比较小。

3. 民间救援

社会上还有一类不可忽视的救援力量，即民间专业救援，救援队伍一般由志愿者或"驴友"组成。他们来自不同单位，都有自己的社会工作，专业背景不同，而且团队人员不固定，这就造成了救援工作的不协调。

此外，每次救援中，救援队员也会遇到安全风险，由于救援时间紧，从保险公司买保险也很紧张，这就无法保障救援志愿者自身的安全。长此以往，民间救援组织很难发展壮大。

（四）旅游保险与旅游救援脱节

在体育旅游发展中，旅游保险是安全阀，可以对旅游经济发展风险进行有效化解，使游客的合法权益得到最大限度的保障，使旅游企业的经营风险成功转移。目前,我国旅游安全救援市场中已有国际知名救援公司介入,这些公司通过与我国知名保险公司合作,将紧急救援服务提供给我国购买境外旅游意外险的游客。近年来,我国旅游保险业的发展比较稳定,而且各方面与之前相比有了明显的进步,相比之下,体育旅游保险业的发展不如意,旅游保险与旅游救援脱节,救援费用的承担成为一大难题。

二、我国体育旅游安全救援体系建设的基本思路

20世纪70年代开始,国际上众多学者及旅游业界就开始关注旅游安全问题了。在许多国家,政府积极发挥主导作用,社会、企业广泛参与,旅游安全保障体系已经形成而且较为完善。在我国,作为公共权力行使者、公共产品提供者、公共利益代表者、公共事务管理者、公共秩序维护者的政府,在体育旅游突发事件管理中,扮演着"守夜人"的角色,是体育旅游安全管理的必然主体和法定责任者,维护着旅游者的安全。因此,面对多样且复杂的旅游安全救援对象,我国应由政府牵头,组织建立全方位、立体化、多层次的综合性体育旅游救援体系。

下面为我国构建体育旅游安全救援体系整理一些基本思路。

(一)对体育旅游安全救援体系的特点要有充分的了解

体育旅游安全救援不同于一般突发事件的救援,救援对象身处异地,所以要针对体育旅游的特殊性来提供相应的应急救援和医疗救助,此外,在救助金承担和善后等方面也要区别于一般突发事件。体育旅游安全救援的特殊性对政府的宏观调控提出了一定的要求,面对特殊的体育旅游安全救援,从政府层面设立联动机制非常重要,政府部门应统筹规划,有关部门各自履行好自身职责,同时加强协调,从而有序地善始善终地处理体育旅游中的安全问题,提高安全救援的效率,尽可能减少各方面的损失。

设立安全管理部门对各级旅游行政部门来说也是很有必要

的,旅游行政部门只有做好安全规划,完善安全救援体系,才能为旅游者提供安全保障,赢得旅游者和社会各界的信任。

（二）加强对多层次救援队伍的培养

在市场经济条件下,政府独立完成所有应急救援管理任务是不可能的,因为缺乏足够的资源,而且也没有太多的能力。面对频发的且多样的旅游事故,只靠政府投入巨额的救援经费和完成救援任务是远远不够的。而且针对某些旅游事故,武警、公安等救援队伍的救援技术和力量可能还不如专业的山地救援队伍、水面救援队伍等。所以,在发挥政府作用的同时,要加强对多层次救援队伍的培养。

（三）加强救援与保险的结合,构建救援基金

要促进救援服务的发展,就必须加大资金支持力度,加强与保险业的结合,人们只有获得旅游救助保险上的保障和救援计划保障,外出旅游的担忧才会减轻。在我国专业体育旅游救援服务的发展中,本应该是由保险公司分担救援成本,因此要对以往由政府承担所有救援费用的局面进行改善,根据实际情况适当设立旅游救助基金。

我国应积极构建"政府＋救援机构＋保险及救援基金"的体育旅游安全救援模式,各有关部门充分发挥自己的力量,共同做好体育旅游安全救援工作。

第五节　体育旅游安全保障体系建设

体育旅游具有惊险性、刺激性和挑战性,参与者为了从中获得满足和愉悦,不断挑战自我和超越自我。但是,刺激往往带有风险,发展体育旅游,我们面临的最大问题是安全问题,所以,必须对良好的体育旅游安全保障体系进行构建。

一、体育旅游安全保障体系的子体系及各体系建设

构建体育旅游安全保障体系,在体系构成上可参考户外运动安全保障体系,如图 6-13 所示。

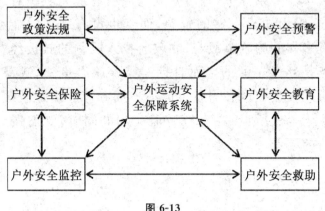

图 6-13

但作为社会系统工程的体育旅游安全保障体系又有自身的独特性,由于旅游者身处异地,因此在监控上落实起来有较大难度,就目前而言,应主要从以下五个方面构建体育旅游安全保障体系。

（一）安全预警体系

体育旅游安全管理的第一步是事前预警,这也是体育旅游安全管理的关键。做好安全预警,能够使体育旅游安全事故发生的概率明显降低。构建安全预警体系需注意以下几点。

第一,积极转换思维,提高安全意识,对体育旅游的危险性要从思想上有高度的认识。

第二,及时捕捉异常信号,认真观察和分析,做好预防工作,尽可能避免发生危险或最大化地降低危险事件造成的损失。

第三,提高体育旅游相关部门及从业者的专业水平与服务质量,加强培训和模拟演习。

（二）政策法规体系

体育旅游政策法规对体育旅游保障体系中的预警、控制、施救行为等具有指导与规范作用，同时也有为体育旅游安全管理提供法律依据的作用。它能够从政策法律的权威性和强制性的角度对体育旅游从业人员的行为进行规范和控制，促进体育旅游从业人员安全意识和防控意识的提高。

我国现有的体育旅游法律法规还不够完善，体育旅游活动类型多样，而现在只有关于漂流活动的法律，如《漂流旅游安全管理暂行办法》，其他项目的管理办法基本是空白状态。所以，为了保障体育旅游的健康发展，政府部门需制定更多项目的法律法规。在这方面我国应对国外相关体育旅游安全保障法律体系予以参考。

此外，需要注意的是，发展体育旅游不只与旅游方面的法律法规有直接的关系，还与体育方面的法律法规有关，这就需要旅游部门与体育部门相互协调、相互配合。

（三）安全救援体系

体育旅游安全救援是一项社会性工作，情况复杂，涉及面广，且具有多样性，对救援队伍的要求较高，因此我国应加强政府指导，对多层次的救援队伍进行培养，这方面可借鉴发达国家在体育旅游安全事故紧急救援方面的成功经验。

体育旅游安全救援体系的建设可从以下几方面着手。

1. 建立体育旅游安全救援指挥中心

体育旅游安全救援指挥中心隶属于该地应急救援指挥中心（图 6-14），应由旅游和体育行政管理部门牵头，将公安部门、武警部队、消防部门等相关机构联合起来，促进现有职能组成的拓展。

体育旅游安全救援指挥中心的职责主要体现在开展、统筹、协调整个体育旅游安全救援工作。一旦有应急问题发生，安全救援网络立即启动,各部门协调配合,将事态发展控制好。

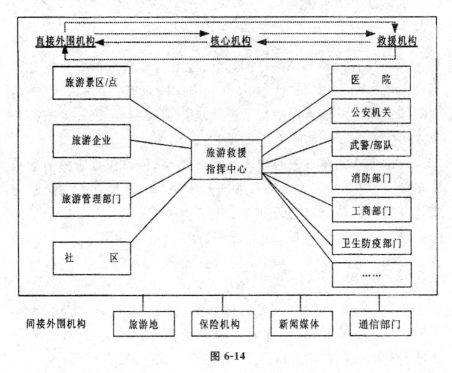

图 6-14

2. 扶持民间救援组织

目前,统一的体育旅游安全事故救援系统在我国还没有建立,多由公安、消防、医院等部门履行救援任务,救援过程中多人联动参与,参与搜索和救援的有数十人甚至上百人。但这些部门人员的户外运动经验同样不足,不熟悉地形,因此搜索花费的时间长,甚至有生命危险,因此需借助民间救援组织的力量来完成救援。

现在,北京蓝天救援队、河南户外救援联盟、新疆山友户外运动救援队、辽宁"我行我宿"户外俱乐部救援队等民间救援组织在体育旅游业内有一定的影响。面对突发事件,这些民间救援组织有自身的优势,具体体现在以下几方面。

(1)不依靠政府来维持正常的运营。

(2)队员分散各地,在需要时迅速集结。

（3）户外运动经验丰富，有较专业的救援技能等。

3. 培养专业救援队员和志愿者

这里所说的救援队员和志愿者也包括体育旅游目的地居民。在他们的日常生活、工作中，与到当地参加体育旅游活动的旅游者相遇、接触的机会较多。在旅游者遇到危险时，当地居民熟悉环境，能够及时有效地帮助处于突发事故中的体育旅游者。

4. 做好应急救援工作

体育旅游安全的应急救援工作涉及很多部门与社会力量，开展这方面的工作，具体参考图 6-15。

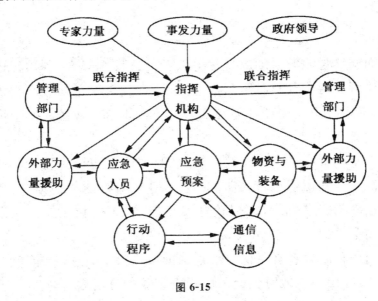

图 6-15

（四）安全保险体系

我国体育旅游人数近年来快速增长，但安全事故的发生率也在上升，体育旅游者的保险保障问题已成为影响体育旅游的重大因素。体育旅游者在陌生环境中，遇到自然灾害、意外伤害、突发疾病等，主要通过购买保险转移风险，这种体育旅游运营方式在很多西方发达国家已经比较成熟了。

（五）教育体系

通过体育旅游教育，可以使体育旅游者树立预防意识，对避险、自救的基本知识和技能加以掌握。

体育旅游教育有专业教育和大众教育两种类型。构建体育旅游教育体系可从这两方面展开。

1. 专业教育

在体育旅游专业教育中，可通过高等院校和户外运动俱乐部开设固定课程和定期培训，开展体育旅游专业知识系列培训，促进体育旅游者理论和实践水平的提高。

2. 大众教育

面向体育旅游活动的自发组织者展开安全教育，利用媒体资源对体育旅游活动及时跟踪报道，对体育旅游安全常规知识进行介绍，追踪报道发生的体育旅游安全事故问题，增强其安全风险意识。

大众教育应从青少年教育抓起，联系学校定期为青少年开展公益性安全知识讲座和培训，促进其野外生存能力的提高，使其形成正确的安全观念，掌握较好的技能技术，避免在体育旅游中发生安全事故。

当体育旅游者真正树立了正确的安全理念，在出行前就会充分准备，在出现事故时也会采用积极有效的方法来应对。

二、有关方面协调建设体育旅游安全保障体系的措施

构建体育旅游安全保障体系，与旅游行政组织、体育旅游行业组织、体育旅游企业、体育旅游者、目的地居民以及相关政府部门等息息相关（图6-16），需要这些方面共同努力，共同发挥自己的优势与力量来构建安全保障体系，促进体育旅游的健康发展。下面主要从体育旅游企业、体育旅游者及旅游目的地居民三方面

来探讨具体措施。

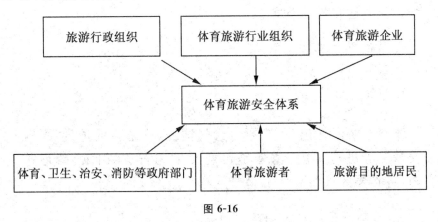

图 6-16

（一）体育旅游企业

作为体育旅游服务的直接提供者,体育旅游企业的经营管理与体育旅游者的安全有直接关系。体育旅游企业应从以下几方面来保障体育旅游者的安全。

1. 提高安全意识,遵守安全法律法规

设立安全机构,推行安全责任制,制订安全保护预案,完善急救措施。

2. 在企业内部建立安全预警机制

(1)与旅行社签订合同,落实安全防范保险工作。
(2)警示体育旅游者,旅游者欲报名时,应向他们说明旅游目的地基本情况。

3. 加强对企业员工的安全教育

提高员工的安全意识,加强安全措施培训和高质量服务培训,使其为体育旅游者提供更好的服务,并保障其安全。

4. 对体育旅游者进行安全教育

使体育旅游者发挥主观能动性来保护自身安全,在出行前和旅途中,找机会对其进行安全教育,提高其安全意识,并将基本的安全自救办法传授给他们。

（二）体育旅游者

1. 出行前做好安全预防工作

体育旅游者在出行前,要对天气情况、旅游目的地地质情况、治安情况等进行了解,清楚是否会发生泥石流、山洪、滑坡等灾害,并将必要的设备和物品携带在身。

2. 具备必要的自救知识与技术

体育旅游者掌握自救知识与技能是维护自身安全的基本保障,否则不应该贸然行动。

3. 配合体育旅游企业

体育旅游者在旅游过程中应遵守安全规定,听从导游人员、技术指导人员的指导,不要不听劝阻擅自行动。

（三）旅游目的地居民

旅游目的地居民是当地常住居民,当地居民可以利用自己熟悉本地环境的优势帮助体育旅游者渡过危机。当地政府要大力培育居民的救助意识与能力。

第七章 典型体育旅游市场开发
及其可持续发展研究

2014年国务院印发的《关于加快发展体育产业促进体育消费的若干意见》(国发〔2014〕46号)中明确提出要将体育产业和旅游产业融合发展,发展一批体育旅游示范基地,发展区域特色体育产业。当前我国体育产业的市场化、社会化水平不断提高,拥有丰富多样的旅游资源,通过对典型体育旅游市场的开发,可以挖掘体育旅游的资源,为我国体育旅游产业的发展注入新动力。为此,本章对山地户外体育旅游、滨海体育旅游、高端体育旅游和少数民族传统体育旅游的市场开发与发展进行分析研究,为体育旅游市场开发及其可持续发展研究提供参考意见。

第一节 山地户外体育旅游市场开发与发展

一、山地户外体育旅游的内涵

(一)山地户外运动的定义

户外运动是指将自然环境作为运动场地,在其中开展的具有探险性质或者是体验探险类的体育项目群。需要注意的是,这种自然环境并不是专用场地,更强调自然性,具有探险挑战的特点,通过体育运动的方式直接参与。

户外运动主要包括三个大类(表7-1)。

表 7-1　户外运动的分类

划分依据	类别
山地户外运动	自行车、登山、远足、野营、滑雪
水上户外运动	漂流、潜水、冲浪
空中户外运动	滑翔、蹦极、热气球

　　其中山地户外运动就是指在山地进行的一组集体运动项目群,主要目的是为了健身或者提高竞技水平,包括山地运动、荒漠运动、海岛运动以及新开发的人工建筑物运动。这个定义主要是从山地户外运动所从属的地理环境上探讨的,具有明显的户外运动子项目的特征。

　　户外运动和户外旅游在活动的内容上有重叠,很多户外运动都可以开发成户外旅游的模式,比如滑雪旅游等,而且都依赖于自然环境,但是两者之间还存在着一定的差异。

　　第一,户外运动和户外旅游的范围不同,前者属于体育运动的范围,后者属于旅游的范围,具有异地性、短暂性、非就业性等特点。

　　第二,户外运动更强调专业性,项目通常更具有挑战性,而户外旅游虽然包含了户外运动,但是只是辅助内容,更关注休闲性和娱乐性,专业要求较低。

　　(二)体育旅游的定义

　　体育旅游属于一种旅游活动,主要是旅游者通过观赏和参与体育活动,将体育和旅游相对独立的分布组合起来,达到休闲娱乐健身的目的。体育旅游的活动形式具有以下几个类别(表 7-2)。

表 7-2　体育旅游的分类

分　类	活动形式
休闲、健身娱乐型	高尔夫球、游泳、骑马
拓展、探险型	漂流、攀岩、滑翔、登山
观摩型	观摩有组织的体育活动
竞赛型	参加有组织的体育赛事

户外旅游是一种新型的时尚旅游方式,改变了传统大众旅游追求利益最大化的行为,坚持可持续发展的原则,关注人和自然的和谐发展。体育旅游和户外旅游在内容上有重叠,但是两者各有特点。

体育旅游的内容主要是以体育运动项目为主,目的是为了实现健身娱乐,具有时效性、专业性,参与活动符合主观意愿或者被动参与。户外旅游主要是以休闲放松、体验自然为主,运动项目只是辅助,更注重参与者能否亲身体验,项目的设置和选择较为灵活。

二、山地户外体育旅游市场开发

(一)山地户外体育旅游资源

体育旅游资源是体育旅游市场开发和发展的重要物质基础,体育旅游资源最重要的载体是山地户外运动资源,在有参与山地运动的意识和需求的基础上,人们对山地资源进行有目的、有意识的开发利用,所包含的体育项目也具有一定的特殊性,包括攀岩、探险登山等体育自然资源。

体育自然资源是开展山地运动的必要物质条件,也是体育旅游产业开发的重要物质基础,我国西部地区,崇山峻岭,是世界上最丰富的山地运动资源所在地,四川省境内海拔在5千米以上的山峰就有97座,青海省对外开放海拔在5千米以上的山峰就有14座,云南省的玉龙雪山和梅里雪山是高山的代表,新疆丰富多样的山地运动资源也位于全国前列,是沙漠徒步、越野等户外体育赛事的最佳场地。

丰富的山地户外体育旅游资源为我国山地户外运动的开展奠定了坚实的物质基础,同时也为体育旅游市场的开发和发展提供了充足的条件。

(二)山地户外体育旅游资源的开发模式

建立科学的山地户外体育旅游资源的开发模式,可以充分利用山地户外运动资源,促进山地户外体育旅游产业的发展,中国山地户外资源的分布并不均衡,各个地区对山地户外运动资源的认识和重视程度也存在不同。山地户外体育旅游资源的开发模式共分为三种(图7-1)。

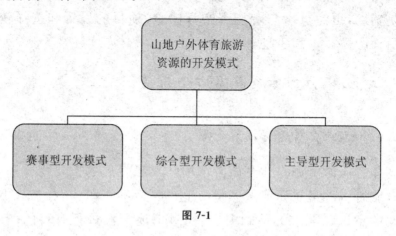

图 7-1

1. 赛事型开发模式

这种模式的宗旨就是突出特点、打造品牌,安排旅游者可以亲身参与的体育旅游项目,注重旅游者的参与体验,通过大型赛事推动山地户外旅游资源开发的模式。国内体育旅游资源开发的成功案例——重庆武隆国际山地户外运动公开赛,已经成为一项高水平的品牌赛事,是世界户外运动三大品牌赛事之一。

这项赛事最初只是推广重庆景区,发展到现在已经成为重庆市体育和文化的品牌和名片,有利于开发重庆武隆山地资源,为利用大型户外赛事推动区域优势资源开发、打造优势市场和知名度提供了全新的思路和途径。随着逐渐积累的办赛经验越来越丰富,国内山地运动赛事数量稳步上升,具有深远的国际影响力。

通过举办大型山地运动赛事,推动了山地户外运动项目本身的发展,还给举办赛事的城市带去了经济、文化方面的积极影响,大多赛事都会选择将旅游景点作为中心,向四周辐射扩散,将自然资源和赛事路线结合起来,通过赛事的宣传,传播举办地的城市文化和市容市貌,促进当地体育旅游市场的发展。

2. 综合型开发模式

这个模式的主要思想是整合山地户外体育旅游资源,结合生态旅游、文化旅游等其他旅游形式,开发新型的体育旅游产品,使参与者不仅能够观赏到自然风光还可以参与体育运动。

环青海湖民族体育圈是国内山地户外旅游资源开发的成功案例,将青海建设成了全国著名的高原特色生态旅游基地,以科考登山探险等特种旅游为目标。

宗旨是为了回归自然、保护环境,将民族体育、传统体育、高原体育作为发展的特色,依托国家体育训练基地的良好环境,凭借高原特有的体育资源,开展独具特色的民族体育活动,承办民族传统体育活动,打造国内外顶级的户外运动赛事,有利于我国民族传统体育的发展。

3. 主导型开发模式

这种模式更注重主次分明,景区规模不断扩大建设,寻找体育和旅游的契合点,以旅游观光为主,参与部分体育娱乐活动,了解体育知识,观看体育表演。我国四川省发展旅游业的同时,开发各著名山地型旅游景区的山地户外运动资源,四川省小金县就依托国家级重点风景名胜区的四姑娘山,把当地红色文化和西藏传统文化相结合,将独特的山地资源打造成了世界顶级的山地户外运动度假胜地。

5A级旅游景区都江堰,根据当地山地资源丰富的特点,打造以山地运动为特色,集合了温泉疗养、康体健身、生态旅游、拓展运动等为一体的综合性旅游胜地。结合旅游规划开发山地运动资源,可以直接带动山地运动产业经济增长,未来山地运动资源开发的趋势就是体育搭台、旅游唱戏。

三、山地户外体育旅游市场的发展

(一)建立山地户外体育旅游标准体系

开发山地户外体育旅游要重视开发与经营并举,提供企业后续经营可供参考的管理标准,在这个标准的基础上,形成企业管理所用的实用标准。山地户外体育旅游已经成为人们喜欢的一种新型的旅游形式,人们开始关注去什么地方参加山地户外体育旅游,在旅游中的生命财产安全以及服务质量,面对如雨后春笋般兴起的山地户外旅游基地,一些附有权威评价的标识可以帮助他们确定最终的目的地。

户外体育旅游标准体系是一个复杂庞大的系统(图7-2)。

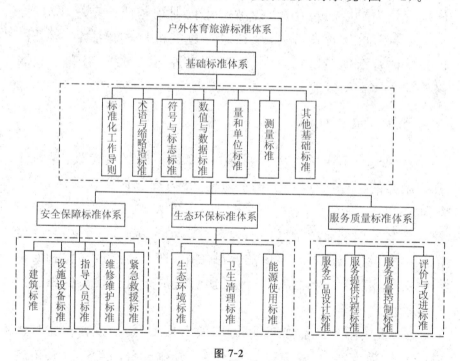

图 7-2

基础标准体系就是山地户外体育旅游标准体系的第一层面,共包含了七个方面,也就是标准体系的第二层面,对整个标准体系来说起到规范和支撑的作用。基础标准体的第三层面包含了三个子系统,每个子系统还可以进行细分,企业根据各自的要素特点,和经营管理的实际情况,根据上述体系进行细化,形成每个企业独特的标准结构。

安全保障标准体系中建筑标准可以确定山地户外体育旅游的营地建设标准,设施设备标准可以确定攀岩保护设备选用标准,指导人员标准可以选择攀冰教练人员配备数量标准等。

（二）开发山地户外网站运作模式

目前我国从事户外旅游活动的知名网站有中华户外网,主要组织大型的户外旅游活动,致力于普及户外运动,为广大户外爱好者提供更多户外资源。户外资料网主要是向消费者提供更全面、专业的户外资讯服务,组织一些大型户外活动,有时会在网站的论坛上发布活动公告和相关事项,对一些大型的户外运动赛事进行宣传报道,"驴友"还可以通过专门通道进行免费报名。户外网站具有独特的运作模式(图7-3)。

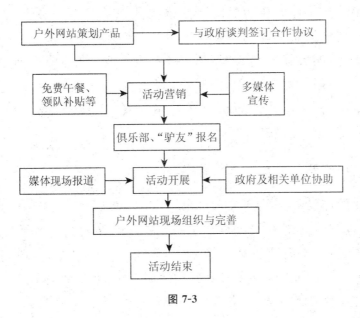

图 7-3

在这种运作模式下,政府转变了裁判员的角色,通过辅助的形式参与到活动中去,对山地户外体育旅游市场的发展起到协调作用,为目的地做足了充分的形象宣传,为旅游者体验自然、实现自我搭建了良好的平台,为组织者获得利润创造了条件。

(三)加强对营地的规划和管理

山地户外旅游活动中露营发挥着关键性作用,可以让旅游者深入地体验户外环境,感受自然带给人们的宁静,对露营地的建设与旅游者的满意度和体验感知有着很大的关系,因此要重视露营地的管理和质量,为开展山地户外体育旅游提供坚实的物质基础。

对营地的规划和建设在我国还处于起步阶段,目前还没有统一的营地及其配备设施与评价的标准,露营地的建设需要政府、景区的规划与管理。联合当地政府选择合适的地方作为露营地,提供食品、医疗、交通等安全保障,规避一些非预知的风险,给游客提供满意的服务,增加游客的满意度,吸引更多的山地户外体育旅游爱好者。

山地户外体育旅游活动更注重人和自然的融洽和谐,低碳性成为了户外旅游活动的重要特征之一,政府和企业可以采用多种传播方式,向大众宣传保护环境的思想观念,普及生态保护的意识,督促景区加强对营地环境的生态保护管理,营造一个环境优美的露营营地,给旅游者留下美好的印象,为成功举办山地户外体育旅游活动提供有利条件。

(四)收集旅游者的反馈信息

伴随体验经济的到来,对旅游产品的选择产生了一种新的方式,就是体验式消费,旅游者更加重视自己在旅游过程中的体验和感受,但是旅游者的体验具有多样性,每个人对与同一种事物会产生不同的反应,企业需要通过多种途径和方法去了解掌握旅游者的这些体验反应,调整管理策略,选择最优化的营销方法,增加旅游者的满意度,获得较好的竞争力。

第二节　滨海体育旅游市场开发与发展

一、滨海体育旅游市场的发展现状

（一）丰富的滨海体育旅游资源

滨海体育旅游的发展依靠丰富的滨海体育资源,我国近海面积达到 470 万平方千米,海岸线长达 32 000 千米。总共拥有 6 500 多个岛屿,我国滨海地带跨域三个温度带:温带、亚热带和热带,具备阳光、沙滩、海水、空气和绿色五个旅游资源基本要素。

海岸的类型也是多种多样,包括黄海海域和渤海海域的黄海生态区,海岸线北起鸭绿江口,南至长江口。具有鲜明的季风气候,丰富的地貌类型,主要河流在历史时期内变迁频繁,属于堆积性和侵蚀性的地貌类型,包含了黄河三角洲、冀东北的沿岸沙丘和潟湖沙坝体系。

我国有滨海景点 1 500 多处,16 个国家历史文化名城,25 个国家重点风景名胜区,130 处全国重点文物保护单位,7 个国家级旅游度假区。这些具有千姿百态的海蚀地貌最适宜开展游泳、探险、垂钓等体育休闲项目,南海大陆海岸线长 5 800 余千米,海滩宽广,海岸线平直,可以开展多种海滨类体育活动项目,如潜水、游泳、帆船、摩托艇等,也可以开展沙滩排球、沙滩汽车越野等体育旅游活动。

我国海滨地区大多处于热带或亚热带地区,珊瑚繁殖旺盛,形成风景优美的珊瑚岛,适合开展体育休闲、观光旅游活动。我国丰富多样的滨海资源为滨海体育旅游市场的开发与发展提供了良好的自然条件。

根据海洋旅游资源的特点和发展现状,我国计划到 2030 年,将各种滨海旅游景点基本都开发出来,交通、通信等基础公共服务设施都朝着现代化方向发展,在海岛上形成功能齐全、技术先进的海上娱乐场所、滨海度假胜地,加大我国滨海体育旅游产业的发展规模,跻身于世界滨海旅游业发达国家的行列。

(二)经济快速发展提供了物质保障

我国社会经济的快速发展是滨海体育发展的经济基础,在复杂的国内外经济形势下,2017 年中国经济总量首次突破 80 万亿元大关,在推动结构优化、动力转换和质量提升上蹄疾步稳。党的十九大召开以来,中国经济展现出新气象,成为中国发展取得历史性成就的最新注脚,也为中国经济迈向高质量发展注入信心和动力。

正是中国经济的快速发展,人们低层次的生活需要已经得到满足,才会产生休闲娱乐健身等发展性需求。在经济发展的带动下,我国的交通运输业发展迅速,形成了铁路、公路和航空线组成的交通网。便捷的交通方便了人们的出行,使我国更多的滨海体育资源得到开发,提高了利用率,缩短了人们的出行时间,方便人们参与滨海体育旅游。

经济的快速发展也使得更充足的资金投入在体育设施的建设和完善中,促使滨海体育旅游市场的发展。闲暇时间是指人们根据自己意愿,自主享受、利用的时间,人们的闲暇时间越来越多,这也在一定程度上保证了人们进行滨海体育旅游的时间,为体育发展市场开拓了的空间。

(三)滨海旅游业是海洋经济的支柱产业

为促进海洋经济综合发展,国家发改委等政府部门联合制订了《全国海洋经济发展规划纲要》(以下简称《纲要》),这是我国为发展海洋经济而出台的第一个具有宏观指导性的文件。在《纲要》的指导下,海洋经济得到可持续发展,可以发现海洋经济在国民经济和社会发展中的地位不断突显。

2018 年我国海洋生产总值达到 8.3 万亿元,全国海洋生产总值保持 7.5% 的增速,占国内生产总值近 10%。海洋工作在很多重要领域和关键环节取得了积极进展,着力提升海洋经济增长质量,力争到2020年,海洋生产总值达到10万亿元,到2035年,力争实现我国海洋经济总量占国内生产总值的比重达到15%左右。

其中,滨海旅游业的发展速度总体超越了海洋产业总产值的发展增速,在海洋产业总产值中所占比重不断上升,滨海体育休闲旅游业成为海洋经济中的重要支柱产业。

滨海体育运动的发展速度也比较快,滨海体育活动是体育运动的重要部分,很多项目已经成为世界比赛的内容,项目种类越来越多,水平也越来越高,对旅游者的吸引力也越来越大,我国也成立了一些海洋体育俱乐部、潜水俱乐部,各地体验潜水的爱好者每年以30%的速度增加。

二、滨海体育旅游市场的定位

(一)滨海体育旅游产品的市场定位

通过识别消费者的需要,开发并向顾客传播与竞争者不同的优势产品,让消费者对该产品有比竞争产品更好的认知的这一过程就是市场定位。要获得准确的市场定位,首先要对目标市场有充分地分析和了解,做好充足的市场调研,能够根据市场的实际需要,开发出能够满足顾客需要的产品。

其次,就要是强化产品的概念,利用多种传播手段,通过市场沟通等形式,在消费者心中树立优势产品的概念,让产品的概念能够在消费者心中生根发芽,最后促使消费者做出购买的行为。

在我国滨海旅游市场中,来自其他国家的游客约占到5%,国内的游客占到了95%,大部分的消费者还是国内居民,目前世界滨海旅游都是这样的格局,国内市场占据了滨海旅游客源市场的主要部分。

在这个基础上,可以适度扩展国际市场,在目前的市场开发上,国内滨海体育旅游的重点大部分集中在国际客源或外来游客上,然而却忽视了充满活力、具有巨大潜力的国内市场和本地消费需求,建设服务基础设施过于追求高档次、高层次的开发倾向,高价旅游项目让很多工薪阶层的消费者望而却步。

(二)对滨海体育旅游消费产品的认同

认同就是个人或群体对某种持续已久的属性以及人们对这些属性的认识和接受程度,体育消费自身已经获得了一种认同的功能,尽管人们的消费模式趋向相同,比如对一些体育产品的消费,无论走到哪里都基本相同,不会有太大的差异,但是对体育产品的消费,不同的消费者就具有不同的特点,比如对品牌的选择、价格的接受程度、使用的频率和方式等。

体育消费在认同空间上存在"核心区"和"边缘区"之分,"核心区"的决定因素包括了行为规范、个人习惯等,有的消费产品和行为不能在不同群体之间进行替换,成为各自认同空间的"核心区"。

那些可替代或可交叉的消费产品和行为,就成了各自认同空间的"边缘区",区别体育产品消费的"核心区"和"边缘区",就要考虑清楚,对体育产品认同心理的各种条件是任何体育旅游产品创建品牌成功与否的先决要素。

(三)创建滨海体育旅游品牌

滨海体育旅游品牌在优质的体育旅游产品的基础上形成,具有一定的生命力和活力。滨海体育旅游业要根据市场的实际需要,组建独具特色的一系列配套产品,对不同性别、年龄、职业、收入等要素进行区别对待,使体育旅游产品更具有针对性和特殊性,能够满足人们在度假休闲时多样的体育活动需要。

不同层次的消费者会对旅游产品的档次、品牌、质量等提出不同的要求。消费者能够准确地识别出体育品牌就是创建滨海体育旅游品牌的基础,品牌识别为滨海体育旅游品牌的发展指明了方向、意图。

品牌识别具有一定的价值概念,包括情感、功能、自我表现方面的利益,是品牌和顾客沟通的桥梁,比如产品和品牌功能的结合,消费者在需要这个产品的时候能够第一时间想到这个品牌。

创立一个滨海体育旅游产品不仅是开发者的想法,更重要的是它符合消费者的实际需求。打造滨海体育旅游品牌可以推动滨海体育旅游业的可持续发展。

三、滨海体育旅游市场的发展

(一)明确滨海体育旅游市场的指导思想

1. 坚持以人为本

滨海体育旅游以滨海自然资源为依托,是集休闲、娱乐于一体的体育活动,要推动其发展就要坚持以人为本的指导思想。滨海体育旅游要以参与者愉悦身心、修身养性为出发点,从参与者的实际需要出发,开发软硬件设施,设置体育项目。

2. 坚持本土化

我国地域辽阔,南北文化差异较大,东西部之间存在经济差距,滨海旅游市场的开发要紧密结合当地滨海资源的特点,调动整合可以利用的资源,创造独具特色的滨海体育项目,增强我国滨海体育的吸引力和感召力。

3. 坚持可持续发展

滨海体育旅游资源和市场的开发要考虑滨海生态的可持续发展,重视对海洋生态资源的开发、保护和利用,目前我国的滨海体育正处于起步阶段,在开发的过程中不能只看到眼前利益,以政府为主导,按照国家相关政策,结合目前滨海体育旅游的发展现状,将滨海体育旅游纳入旅游产业的整体规划中。

设置体育项目上尽量考虑不同年龄段的参与者,突出针对性、娱乐性、地域性,经营方式上采用灵活的经营策略,政府主导与个体经营相结合,加强宣传引导,在模式的选择上,重点解决目前滨海体育资源开发中存在的问题,建立符合我国滨海地区地方特色的可持续发展的滨海体育旅游发展模式。

(二)培养滨海体育旅游的理念

目前我国刚刚兴起滨海体育旅游业,游客的主要来自国内,他们的体验感直接决定了滨海旅游业的兴衰,是滨海体育旅游的目标市场。我国滨海体育旅游作为一个旅游产业,需要完善自身的经营体制,加大建设滨海体育运动相关设施的投入,加强对人才的培养。

培养人们参与滨海体育旅游的大众化意识和休闲旅游的生活理念,将滨海体育项目纳入全民健身计划的一部分,跟随全民健身的普及进入社区,积极宣传和开展全民健身形式的滨海体育活动。

可以在滨海旅游区内定期举办各种级别的滨海综合体育运动会,吸引来自全国各地以及世界各地的游客。

还可以将滨海体育运动项目纳入学校的正规体育教育体系中,在沿海地区物质条件比较好的大、中、小学先进行试点工作,让孩子们从小就可以接受休闲体育教育的熏陶。沿海城市的学校应该充分利用自己的地理优势,寻求体现海洋特色的结合点,设置和海洋有关的体育课程,如游泳、沙滩排球、沙滩足球、水球等。

(三)坚持协调发展

在海洋产业中,滨海旅游业发展最快投入产出比最高,在一些滨海旅游业发达的国家,一个大型的海洋旅游娱乐城市年收入就可达数十亿美元以上。可见,滨海旅游业的市场潜力巨大,开展滨海体育旅游,可以对沿海地区经济发展具有重大的促进意义。

但是近几年来,我国近海海域出现了严重的环境污染问题,海水中的氮、磷含量普遍超标,海洋环境质量不断下降。近岸海域的污染物主要来自陆源,包含了工业污水、农药污染、旅游污染等,其中陆源污染占到整个海岸污染的80%。

海洋污染所带来的负面影响,已经直接威胁到人类的可持续发展,联合国提出的威胁人类十大环境问题中,海洋污染就包含在其中。环境保护与经济发展之间的关系,无论是现在还是将来,都将一直存在下去,滨海体育旅游可持续发展的作用在于能够保护滨海旅游地区的生态环境,传承沿海地区居民的民俗风情和传统文化,保护海岸人文、地理环境不遭受到滨海旅游开发的破坏,这是滨海旅游业发展的总趋势。

第三节　高端体育旅游市场开发与发展

一、高端体育旅游市场概述

(一)高端体育旅游市场的概念

高端体育旅游指的是具有一定素养的体育旅游个体或群体在体育旅游消费水平、消费层次及消费方式等方面明显比平均体育旅游消费水平和消费层次高但又与大众体育旅游明显不同的一种体育旅游形式。[①]

(二)高端体育旅游市场的构成

高端体育旅游市场具有三个组成要素(图7-4)。

---

① 赵金岭.我国高端体育旅游的理论与实证研究[D].福建师范大学,2013.

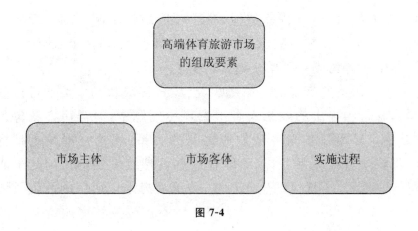

图 7-4

1. 市场主体

高端体育旅游的市场主体不仅有个体还有群体,相同的特点是有一定社会地位,拥有丰富扎实的体育知识,较强的身体素质,坚实的经济基础,较高的文化素养。

2. 市场客体

高端体育旅游活动的市场客体是体育旅游资源及其配套体系,具有相同的特点是档次和级别都比较高,硬件设施和服务管理软件体系的整体水准也比较高。

3. 实施过程

高端体育旅游实施的过程属于一种体育旅游实践,这个过程的品质比较高,通过观赏体育、心理体验、休闲娱乐、身心享受等方面表现出来。

二、高端体育旅游市场的开发状况

(一)高端体育旅游开发模式

目前高端体育旅游的开发模式主要是以旅游度假区为依托

进行建设,旅游度假区就是拥有较为齐全的旅游基础设施,具有良好的自然环境,集合了休闲、度假、娱乐、住宿为一体的综合功能区。

很多度假区内的体育设施都设有游泳、高尔夫球、射击、嬉水等设施,多达43种。一些世界著名的度假区所开发的高端体育旅游产品,如滑雪、冲浪等都获得了巨大的成功。也有一些国家的旅游度假区的高端体育旅游产品还包括了赛马、狩猎、游艇等项目。

(二)高端体育旅游的产品

高端体育旅游的产品种类纷繁复杂,下面以高尔夫俱乐部和滑雪场为例,重点阐述高端体育旅游产品的分布和发展情况。

1. 高尔夫俱乐部

(1)分布级别

高端体育旅游产品的典型代表之一就是高尔夫俱乐部,我国各省以及港澳台地区都设有高尔夫俱乐部,所属的级别不同。

第1等级区是北京和广东,两个地区各自拥有的高尔夫俱乐部达到60家以上。

第2等级区是上海和海南,两个地区各自拥有的高尔夫俱乐部达到20家以上。

第3等级区是山东、浙江、天津、江苏、辽宁,这几个地区拥有的高尔夫俱乐部达到12~16家以上。

第4等级区是重庆、湖北、云南、广西,这几地区拥有的高尔夫俱乐部达到5~8家以上。

第5等级区是河北、湖南、陕西、四川、安徽、江西等地,这几个地区拥有的高尔夫俱乐部达到1~4家以上。

(2)分布特点

第一,高尔夫俱乐部主要集中在东部沿海的经济发达地区,中西部经济欠发达的地区,分布比较少。

第二,有的省份在全国 GDP 排名中比较靠后,如海南、云南等,但是高尔夫俱乐部数量比其他 GDP 排名相近的省多,分布比较集中。

2. 滑雪场

我国 20 个省份都有滑雪场,有的是天然滑雪场,有的是人造室内滑雪场,西南沿海等地由于气候的客观因素,很难形成天然滑雪场,就需要建造室内滑雪场,满足大众的滑雪需要。我国滑雪场集中在东北地区的黑龙江、华北地区的北京以及西北地区的新疆,主要和地理环境的优势有一定关系。

(三)高端体育旅游消费者

我国高端体育旅游消费者的主要来自经济发达的大中型城市,像高尔夫这样的高端体育旅游产品在开发时最初的目的是为了外商娱乐、洽谈商务,改善投资环境,在这种思维下发展而来的高端体育旅游产品,主要消费群体是外商和外企员工。

由于不同地理环境下的景致、气候不同,在进行高端体育旅游产品的开发过程中,体现了不同省份的不同特点,旅游环境各具特色,能够满足不同体育旅游消费的需要。和国外相比,我国高档度假体育产品价格较低,有利于吸引更多的海外消费者前来休闲旅游度假。

三、高端体育旅游市场的发展

(一)开创高端体育旅游发展新模式

1. 政府主导

高端体育旅游产业的发展环境具有广延性和综合性,良好的经济环境为其提供了坚实的经济保障,要注意协调好各种利益相关者之间的利益关系。当前我国旅游市场发展机制还不够健全,有时会出现市场失灵的现象,还不能完全依赖市场发展高端体育旅游产业,不能完全进行市场化运作,很难达到发展效果。高端体育旅游产业要不断完善市场机制,坚持以政府为主导。

(1)组织者的角色

政府是高端体育旅游发展的组织者,可以充分发挥其行政力量,合理配置经济资源,为高端体育旅游产业的发展提供政策和物质支持,迅速形成高端体育旅游产业规模,为其后续稳定发展提供支撑力量。

(2)监督者的角色

政府是高端体育旅游产业发展的监督者,应充分发挥和协调社会各方面的力量,制定高端体育旅游的宏观发展规划,打造良好的内部行政环境,建立高端体育旅游产业的整体形象。

2. 社会协调

在高端体育旅游发展的过程中,不能完全依赖政府,社会组织同样要发挥其重要作用,协调高端体育旅游的发展。社会组织就是民间组织,是指除政府和市场部门之外的组织。最典型的社会组织就是旅游行业协会,其组织结构要比政府简单,处理事情也更加灵活,运作效率比旅游行政组织高,能够很快解决其中的很多社会问题。旅游行业协会的直接服务对象就是高端体育旅游企业,对其的了解要比政府多,可以为其提供更好的发展环境,维护高端体育旅游企业的利益,充分发挥旅游行业协会等社会组织自身协调、自律的功能。

3. 旅游企业

在高端体育旅游市场发展过程中,市场的主体是旅游企业,旅游企业在市场中发挥着重要的资源配置功能,其主体作用关系到很多方面,能够提高旅游企业的服务质量、优化高端体育旅游产品结构、提升服务效率。旅游企业是我国高端体育旅游产业的发展的核心,没有了这个核心,就失去了发展的动力。

（二）科学规划高端体育旅游资源开发

高端体育旅游资源是高端体育旅游产业发展的物质基础,决定了高端体育旅游产业的经济规模,影响了体育旅游产业竞争力的布局,要尽量全面地掌握高端体育旅游资源的数量、类型、质量等数据,确定区域内高端体育旅游的发展方向,根据这些数据科学制定高端体育旅游业的空间布局政策,有效开发相关资源,实现资源优化配置。

（三）转变营销理念

我国高端体育旅游资源比较丰富,具有多种高端体育旅游产品,但是很多企业没有选择有效的营销手段,不会包装、宣传自己的体育旅游资源和产品,没有发掘市场潜力,也就不会产生消费需求。

现代经济已经进入买方市场阶段,传统的营销观念要得到转变,高端体育旅游行业管理部门与旅游企业都要与时俱进,树立全新的营销理念,采取积极的营销手段,提高高端体育旅游产品知名度,使我国的高端体育旅游产品能够走向世界,拓展客源市场。

树立我国高端体育旅游产品形象意识,不断强化高端体育旅游的品牌意识,采取整合营销与传播的手段,扩大宣传促销的覆盖范围,整合对外的传播媒介,将高端体育旅游产品的信息清晰、准确地传递给国外高端体育旅游者,树立我国高端体育旅游企业对外统一的"品牌形象",促进我国高端体育旅游产品在国际上的竞争力。

开发国际市场的出发点是客源国的旅游消费需求,利用世界知名赛事举办的最佳时机,宣传我国具有一定国际影响力的高端体育旅游产品,采用多种传播媒介,如电视、网络、广播等,强化我国旅游资源特色,提高高端体育旅游产品的竞争力和影响力,实现"树形象、创品牌、提升整体竞争力"的战略发展目标。

第四节　少数民族传统体育旅游市场开发与发展

一、少数民族传统体育旅游市场概述

(一)少数民族传统体育旅游市场的概念

市场有狭义和广义之分,狭义的市场就是指有形市场,比如商场,商品交换的时间和地点可以选择在一个固定的场所,广义的市场主要是指一种经济现象,具体的表现方式是商品交换和流通,其中所包含的人与人之间的经济联系,不仅有有形市场,也有无形市场,无形市场没有固定场所,通过中间商或其他交易形式确定货源,买卖双方之间建立沟通渠道,促进达成交易。

在商品市场中,体育旅游市场是重要的一类,商品生产发展到一定阶段的产物,是体育旅游产品供求双方交换关系的总和。体育旅游产品主要表现为服务,是无形市场,主要内容是劳务供求,通过广告和中间商实现交易。

民族传统体育的旅游产品实现交换额的主要场所就是民族传统体育旅游市场,其现实的购买者和潜在购买者组合形成了需求市场和客源市场,是供给者和消费者实现体育旅游产品交换的平台,产生了各种经济现象和经济关系。

(二)少数民族传统体育旅游市场的构成

民族传统体育旅游市场由三个要素组成(图7-5),即市场主体、市场客体和市场中介。

1. 市场主体

民族传统体育旅游市场的主体是产品的生产者和消费者,是参与产品交换的买卖双方,民族传统体育旅游的生产者就是供应者,是经济法人,具有自主决策权,拥有独立的经济利益,能够生产体育旅游产品,提供体育旅游服务。民族传统体育旅游的消费者就是拥有民族传统体育旅游意愿和条件的游客。

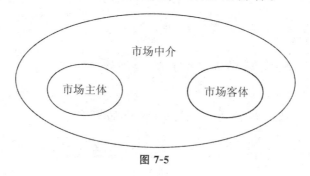

图 7-5

2. 市场客体

民族传统体育旅游市场的客体可以提供各类体育旅游产品,这个产品包括有形和无形的产品,内容主要包括民族传统体育旅游资源和服务领域,包括现在和未来的体育旅游产品,能够针对消费者不同的体育消费需求生产不同的体育旅游产品。

3. 市场中介

市场中介将体育旅游市场的各个主体连接起来,是有形市场和无形市场的桥梁,包含了价格、竞争、旅游服务中心等,这些媒介体系构成了一种媒介关系,将民族体育旅游产品主体、客体以及将主客体连接起来。

二、少数民族传统体育旅游市场的开发

(一)少数民族传统体育旅游市场的开发周期

当任意一个产品投入市场后,需要历经生命周期的循环,从投入市场伊始,经过一段时间的发展后退出市场的周期过程。产品从出现到消失,在市场中获得销售和获利的能力,最后被市场淘汰。体育旅游市场的产品生命周期要比一般体育产品长。

少数民族传统体育旅游市场的产品生命周期包含了四个阶段(图 7-6)。

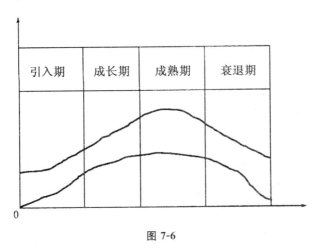

图 7-6

引入期产品的销售和利润会适度增长,到了成长期产品销售和利润增长的速度就会加快,成熟期会保持在一个较为稳定的状态,但是销售和利润开始缓慢下降,衰退期就是产品逐渐退出市场的阶段。

(二)少数民族传统体育旅游市场的开发模式

1. 建立民俗村

我国百姓生活水平不断提高,体育消费在日常消费中的比例越来越大,体育消费的需求向多层次方向发展,我国少数民族的种类多样,每个民族都独具特色,具有不同民俗风情和民族传统体育项目,如土家族的摆手舞。

民族传统体育活动都蕴含了深厚的民族文化,在城市中建立民族传统体育民俗村,让丰富多彩的民俗文化进入都市,吸引更多的城市体育消费者了解民俗文化,参与民族体育活动,优化民族体育资源,拓展民族体育旅游市场。

目前有的城市已经开发了较为成功的民俗村模式,如桂林的民族风情园、昆明的云南民族村,民俗村集中展示了民族文化,拓宽了人们的文化视野,增加了体育旅游者对民族文化风俗的认识。

2. 与绿色生态旅游结合

近几年来,很多国家都开发了绿色生态旅游,让游客能够亲近大自然,在欣赏古今文化遗产的同时也可以领略到优美的自然风光,接近野生动物,将人文历史与自然生态环境融为一体,培养人们热爱自然的人文情怀。

开发少数民族传统体育旅游产品,要学会利用体育旅游资源的优势和特点,综合地方民族特色,与绿色生态的理念相结合,传承少数民族传统体育文化,树立绿色生态的环境理念。

少数民族地区存在着较大的地域差异、文化差异,为开发少数民族体育旅游产品提供了充足的资源,其产品最大的魅力就在于拥有多样的文化内涵,具有绿色生态的文化背景,和自然协调发展,具有原生态特性。

我国幅员辽阔,北方可以发展冰雪运动,南方可以发展水上运动,西北可以开发探险类项目,西南可以开发登山运动,针对各有特点的体育旅游资源,选择开发适宜的少数民族传统体育项目。

3. 与村寨发展结合

将旅游民族村寨和少数民族传统体育文化相结合,满足人们希望回归自然的体育需求,克服风景区城镇化的问题,建立分流渠道,很多少数民族村寨都拥有美丽的自然风光以及独特的人文风情,将这些特点都融合在一村一寨,将本地的民族文化传播开来。

建设村寨旅游村要尽量保持村寨的原始面貌,更加注重地域的特色,体现少数民族传统体育文化的内涵,加强体育旅游者的参与性,规划合理的民族体育旅游日程,使整条线路更具有民族风情。

三、少数民族传统体育旅游市场的发展

（一）确定目标市场

少数民族传统体育旅游目标市场就是相关企业准备进入细分市场，通过产品和服务满足体育旅游者的需要，市场细分和目标市场有一定的区别和联系，目标市场选择的基础是市场细分，市场细分的最终结构是目标市场。

少数民族传统体育旅游企业经营管理的内容首要就是确定目标市场，要想获得利益，就要先了解体育旅游者的相关需求。受到资源和管理因素的限制，体育旅游企业并不能满足所有的体育旅游需求，其开发的体育产品通常只能满足一部分消费者的需求，因此要充分了解和挖掘旅游者的需要，达到企业经营的目标。

体育旅游业能够进入的细分市场需要经过仔细严谨的考量，或者这一领域对体育旅游企业来说具有强烈的吸引力和感召力，体育旅游企业也只能选择这些具有吸引力并且可以进入的细分市场作为目标市场，充分发挥企业的资源优势，具有更强的竞争力。

明确目标市场的过程中，要注意其可进入性、可测量性和可营利性，采用高效的方法来满足市场需求，最终实现企业目标。我国普通客源市场的比例大约占 45%，特殊客源市场占到 33%，潜在客源市场占到 22%，普通客源市场的产品以休闲娱乐和实践类为主，特殊客源市场的产品以极限运动或冒险类为主，潜在客源市场的主体以保健、康复类为主。我国少数民族传统体育旅游市场前景广阔，具有很大的挖掘潜力。

（二）制订产品规划

依据体育旅游产品的不同特点，按照区域细分体育旅游产品，明确目标市场，深入客源市场，在评价体育旅游系统现状调

查的基础上,选择目标市场,深入研究客源市场,在评价的基础上,按照经济、文化的发展规律和体育旅游发展模式,对少数民族传统体育旅游资源进行总体布局,规划体育旅游,完善功能结构。

少数民族传统体育旅游的具体内容非常广泛,其开发的产品也比一般体育旅游产品更符合自然环境和人文环境的特点,直接受到自然环境的影响和制约。开发具有较强适应性的体育旅游产品,更加突出少数民族传统体育旅游产品的民族特色,使民族传统体育旅游市场得到整体开发,实现经济效益。

(三)研发营销策略

体育旅游市场营销策略中的核心部分是体育旅游产品策略。产品策略涉及对产品的经营、开发和设计。企业从市场的实际需要出发,提高了产品的品牌价值,进一步刺激了消费者对少数民族体育旅游的需求。

在设计体育旅游产品线的过程中,要按照市场发展的规律,明确少数民族传统体育的主体,整合少数民族传统体育旅游资源,塑造体育旅游形象,建立更加完善的识别系统,吸引潜在的体育旅游者。

要关注营销策略的实用性和可行性,广泛利用互联网来开展营销活动,丰富营销手段,及时了解市场需求动态,满足消费者对于少数民族传统体育产品的个性化需要,向消费者传递信息,提供全新的沟通渠道。

(四)加大宣传力度

我国体育旅游起步较晚,少数民族传统体育旅游的市场刚刚发展,还需要不断完善和拓展,通过市场调研了解消费者的市场需要,传递产品信息,这就需要利用多种传播途径来宣传体育旅游,包括体育旅游的休闲理念,多样的体育旅游产品,通过舆论导向推动体育旅游产品的发展。

少数民族传统体育旅游的宣传要突出少数民族传统体育旅游理念和产品。除了利用传统的传播媒介,还可以在少数民族传统体育的发源地举办大型文化活动或专题研讨会、专题讲座、体育博览会、体育比赛等,利用活动或比赛的辐射效应,传播体育旅游的文化思想,提升少数民族传统体育旅游产品的知名度和影响力。

（五）构建反馈系统

体育旅游的人群以体育爱好者为主,他们是体育旅游消费群体中的固定人群,可以针对这一部分人群,构建少数民族传统体育旅游者的数据库,及时了解他们的旅游动机和体验反馈,掌握他们的旅游信息动态,搜集他们的建设性意见,改进旅游产品和服务中的缺点,随着时代的发展变化,开发新型的旅游产品,满足体育消费者的实际需要,吸引更多的消费者选择少数民族传统体育旅游产品,增强市场活力。

第八章　我国各区域体育旅游市场开发及其可持续发展的实证分析

我国幅员辽阔,不同地区有着不同的风土人情与地缘特点,因此开拓体育旅游市场、开发体育旅游产品要按照不同地区的特点进行。本章的研究主题是我国各区域体育旅游市场开发及其可持续发展的实证分析,主要包括东北地区、西部地区、环渤海地区以及东南沿海地区。

第一节　我国东北地区体育旅游市场开发与发展

一、东北地区体育旅游资源概况

东北地区在发展体育旅游上有着得天独厚的区位优势。东北地区主要的体育旅游资源主要集中在红色主题、水域风光、生物景观、民俗风情、气候、文物古迹及文化纪念场所、地文景观和现代设施上。

(一)红色主题

红色旅游资源通常指在抗击外敌侵略,为民族解放斗争做出不朽贡献的英雄人物及具有革命教育意义的地点。东北地区具有代表性的红色主题旅游景区包括四平战役纪念馆、黑龙江东北烈士纪念馆、葫芦岛塔山阻击战纪念馆、抗美援朝纪念馆、杨靖宇烈士陵园等。在这些具有革命意义的景区可以组织学生接受爱国主义教育,组织徒步、定向越野等体育旅游活动。

（二）水域风光

东北地区有着充沛的水资源,这对地区发展来说毋庸置疑是一大优势。东北境内的主要水系有黑龙江、松花江、嫩江等。其中,黑龙江最被人们所熟知,是我国四大河流之一,同时也是世界第八长的河流,在黑龙江省流经有 1 890 千米;松花江全长 1 900千米,流域面积达到 54.56 万平方千米。如果能够合理利用这些河流资源,可以组织多种水上体育旅游活动,如水上打靶、大浪淘沙等。

除了河流之外,东北地区还有超过 1 200 个湖泊,镜泊湖是最有代表性的一个。作为我国最大的堰塞湖,充分予以利用可以开展赛艇、飞鱼艇、人造海浪冲浪等运动项目。

（三）生物景观

东北地区为大陆性季风气候,具有降雨量大、雨季时间长等特点。这样气候会形成众多湿地资源,再加上东北地区本身就具有丰富的森林资源,使得地区内生物种类多样,自然环境良好,这为体育旅游资源的开发带来了极大的丰富感。东北地区享誉盛名的大兴安岭、小兴安岭和长白山等地,是开展户外生存、定向越野、徒步穿越的好场所。而黑龙江扎龙湿地自然保护区、兴凯湖国家级自然保护区,吉林靖宇国家级自然保护区、七星河国家级自然保护区等又是湿地野外生存、徒步穿越湿地环境等活动的绝佳场所。这些体育旅游资源的开发都依赖于丰富的生物景观环境。

（四）民俗风情

东北有句民俗谚语,为"窗户纸糊在外,姑娘叼着个大烟袋,养活孩子吊起来"。所谓的这三件奇怪的事物的形成原因是一种中原文化与东北满族民俗的融合,最终形成了这种带有浓厚地方特点的风俗。当然,这种风俗并没有广泛沿袭下来,目前只有吉林市满族镇韩屯村还保留这种民俗。

近年来,随着东北喜剧在各类舞台上的精彩表演,使得全国人民更加了解东北地区的民俗风情。在东北,具有较大影响力的民俗表演团体有刘老根大舞台、本山快乐营、榕城大剧院、和平大戏院等。这些艺术团体都以带有绝对东北特色的二人转为主要表演形式,着实吸引了众多游客前来观赏和学习这种民俗艺术表演形式。此外,在东北的大年初二,一系列扭秧歌、踩高跷等民俗表演活动在各地举办,增加了节日氛围,这些风俗一直延续至今。

(五)气候

东北地区在我国境内属于高纬度地区,因此较其他地区就具有一些特殊的气候特点。对于气候来说,高纬度决定了其冬季较为寒冷、冰雪期较长的特点,非常适合开展攀冰、滑雪、雪地摩托、冬泳等体育旅游活动,而到夏季气候凉爽,是避暑胜地,非常适合开展避暑养生类活动,如游泳、潜水、登山、定向越野等体育旅游项目。

(六)文物古迹及文化纪念场所

东北地区拥有一大批在全国乃至全世界都颇有影响力的文物古迹。最为人们所熟知的包含汉魏壁画群、唐代渤海国上京龙泉府遗址、辽代白塔等。近现代也有不少值得人们铭记的人物和产业纪念馆,如大庆的铁人纪念馆、长春的汽车博物馆等。这些文物古迹和文化纪念场所可以对来访游客带来文化影响,教育意义十足。如果将徒步穿越、自驾游、定向越野等体育旅游活动的路线能够途经这些地方,也是一种弘扬地区乃至中华文化的良好方式。

(七)地文景观

东北地区以平原为主,辅以山地,其总体地理形态构造为多阶段、多回旋,具有明显的不平衡感。东北地区的山地普遍坡度较大,具有雄、奇、险、秀等主要特点。这些地文景观恰恰是进行体育旅游项目的完美场地,如能加以开发并做好相应的保护工作,则非常适合丛林探险、登山、山地卡丁车、山地自行车、滑翔伞等体育旅游项目的开展。

（八）现代设施

如今任何一个地区对于体育旅游资源的开发都不能缺少现代设施的兴建,这是体育旅游活动的基本物质保障,也是提升人们体育旅游体验的重要举措,这点对我国东北地区的体育旅游来讲也是如此。

目前,东北地区的黑龙江亚布力滑雪场和吉林北大湖滑雪场已经成为我国的高等级滑雪场,滑雪设施和其他相关设施建设完善,运转状况良好,特别是其拥有的先进的造雪系统,更是能营造出多样化的雪地场景,为雪地旅游增添色彩。先进的设施和完善的周边服务大肆吸引滑雪爱好者前来,他们一边参与冰雪运动,同时还能欣赏北国风光。

除了上述两个地方之外,黑龙江省伊春市正努力打造"冰壶之乡";辽宁省沈阳市也依托先进设施建设了几所高规格的高尔夫球场,并且还举办了"美兰湖"杯全国高尔夫团体赛这类具有一定影响力的赛事。这些都证明了东北地区的体育旅游资源依托现代设施的引进,均在体育旅游资源开发领域体现出了不小的发展潜力。

二、东北地区体育旅游市场开发与发展的策略

针对东北地区体育旅游市场开发的总体策略应是以冰雪项目为主,这是充分发挥地区特色和优势资源的必然。在发展冰雪运动的同时,以此为契机,再带动其他产业发展,促进东北的经济文化建设,从而彻底转变东北地区体育旅游项目单一、模式老旧的局面。

（一）挖掘特色旅游项目，发挥优势资源，彰显东北魅力

由于东北地区有着众多少数民族，因此可以利用好本地的少数民族资源，挖掘、开发少数民族体育旅游项目，打造少数民族风俗、特色旅游项目，从而彰显出东北地区的独特魅力。

东北的冰雪资源以及冰雪文化可谓是众人皆知，要将这方面的优势资源重点把握，作为发展体育旅游的主阵地。在发展过程中，加强对冰雪文化的开发及滑雪设施的安全检查，可在冰雪旅游地的外部建设一些民宿，吸引游客住宿时还可以发展餐饮业，如做一些具有东北特色的杀猪菜、猪肉炖粉条等，以体育旅游为突破口，拉动其他产业的发展。

（二）打造国内知名的生态旅游品牌

东北地区地理环境对于体育旅游项目的开发来说富有绝对的优势。地区内具有平原、湿地、森林等多样性地形，这些都为体育旅游项目的开发奠定了必要的物质基础。在此基础上特别要注重打造生态旅游品牌，建设一批生态避暑度假名地，如长白山森林生态旅游目的地、林海雪原、北国鹤翔、五大连池等，这对于地区特色项目来说是对外宣传的良好名片。

（三）体育旅游与民间旅游项目优势互补，共同发展

东北地区除了对于体育旅游来说有着得天独厚的优势资源外，其民间旅游项目也有巨大的开发价值，其如果能够与体育旅游项目相互促进，必然对东北地区的产业结构调整带来诸多裨益。

（四）保障旅游服务质量，加强人才培养

旅游服务是旅游产业中的重要组成部分，也是最直观带给游客旅游体验的环节。旅游服务是一项具有专业性的服务活动，它除了要求从业者具备足够的旅游理论知识，还要求他们具备相关

实践业务的能力。而对整个东北地区的旅游活动来说,统一服务规范和行业标准,建立科学的旅游质量评估体系和监管体系也是很有必要的。

对于体育旅游人才培养方面,要突出发挥地区高校众多的教育优势,开设专门服务于体育旅游的专业,培养高素质、高层次的体育旅游专业人才。同时为了达到所学即所用的目标,还应树立"企业与高校强强联手"的培养模式,适时安排学生到从事体育旅游的企业中实习,积累经验,实现学校与企业合作办学。在体制方面,要不断完善相关技能的鉴定方法和资格认证制度。其最终的目标是建立统一的东北地区体育旅游服务人才培训、考核的标准,实现地区内信息快速传递以及制度上的一致。

总之,只有充分利用东北地区的丰富旅游资源,才能促进体育旅游的发展。对资源利用的充分程度,决定了东北地区体育旅游业的发展程度。

第二节 我国西部地区体育旅游市场开发与发展

一、西部地区体育旅游资源概况

(一)自然旅游资源丰富

就我国西部地区的自然资源情况来说,其非常适合进行体育旅游资源开发活动。西部地区自然资源分布广阔,类型众多,且很多可用于体育旅游开发的自然资源是带有垄断性的,是其他地区所没有的。就地形地貌来说,西部地区有高原、峡谷、盆地等地形,这些地形地貌与我国其他地区差异极大。这些独特的自然旅游资源,使其成为体育旅游市场开发的热门地区。

当前西部地区已开展一些体育旅游类的主题活动,项目主要为野外探险、徒步穿越、攀岩、登山、漂流等。其中很多赛事的名声已经远播,甚至成为国际级赛事,如环青海湖公路自行车挑战赛。此外,还有利用沙漠地形开展的汽车、摩托车拉力赛,利用高原环境开展的高原地带穿越等赛事。

（二）体育文化旅游资源独特

我国的西部地区历来是少数民族聚居地区。经过千百年来的历史变迁,这一地区的民族风情依旧,呈现出了绚丽多彩的民族文化、民族历史以及浓郁的民族风情景观。在人们普遍乐于感受不同民族文化的今天,这无疑是一个重要的吸引点。即便是对于体育旅游来说,西部地区的民族传统习俗也是不可或缺的组成部分,其与其他元素一同构成了西部地区体育旅游资源体系。

提到体育旅游资源,就不得不提到数量众多、形式多样的少数民族传统体育。据调查,我国西部地区现存有700多项民族传统体育运动项目,作为我国民族传统体育文化的重要组成部分,其几乎都创造于少数民族群众的生活之中,是西部少数民族生活的真实写照。其中有很多项目如叼羊、姑娘追、骑骆驼、摔跤等至今仍有很高的传承度,成为其民族文化中具有明显辨识度的代表之一。这些活动和项目逐渐成为体育旅游中的项目,吸引着海内外游客前来体验。

（三）各种旅游资源互补融合

互补融合是我国西部地区旅游资源的一大特点。所谓的互补融合在实际当中的体现主要为西部地区民族众多,民俗风情各异,特色鲜明,其中也包含着众多体育元素。这些带有体育元素的旅游资源与其他如自然和人文等旅游资源的联系非常密切,三种资源的共同结合与优化,共同造就了极具特色的西部体育旅游资源。就形式来讲可以构成"体育旅游资源＋人文旅游资源""体育旅游资源＋自然旅游资源""体育旅游资源＋人文旅游资源＋自然旅游资源"等。以贵州的"围棋＋黄果树瀑布"的活动为例,这就是一种"体育旅游资源＋自然旅游资源"的形式。

再来看各种旅游资源的互补关系。所谓的资源主要体现在各民族传统体育活动的种类多样和用途上。据统计,在我国西部地区生活有 40 多个民族,每个民族都有在不同节日开展不同传统体育文化活动的习俗,这也是展示不同民族文化的重要形式。基本上所有民族传统节日都与少数民族群众日常的生产生活有所联系,这些民族节日也就成为日常活动的升华与重要节点,更是它们民俗事象的重要标记。例如,打靶、斗狗和摔跤是典型的普米族传统体育活动,这些活动更多时候是在民族节日或有重大喜庆事件的时候举行。这些体育活动在增添节日氛围的同时也得到传承和发展,将之与体育旅游相结合,必定会使体育旅游产品更加新颖。

二、西部地区体育旅游市场开发与发展的策略

(一)转变思想观念,提高相关认识

为了更好地推动西部地区体育旅游市场的开发与发展,第一要务就是转变发展思想,提高对体育旅游资源和相关市场的认识程度。这种对思想观念的转变与认识的提高需要从以下两个方面入手。

第一,加强对体育旅游市场开发的重视程度。由于我国西部地区历来属于经济欠发达地区,各方面产业相对落后,人们的视野和支持他们事业拓展的物质基础匮乏,这就使得决策者对体育旅游市场的认识浅薄,觉得体育只是一项民间娱乐活动,尤其是对西部地区特色的民族传统体育运动没有足够重视,认为这种传统的事物不会被人们认可,没有开发价值。由此看来,要想提高西部体育旅游市场的开发与发展水平,在转变思想观念的层面上首先就是要加强重视。

第二,加强对体育旅游市场的专业化研究。体育旅游是旅游业中的一个组成部分,现如今体育旅游业的行业前景非常广阔,但目前发现并认可这个前景的相关专家与学者并不多,相应的以此类内容为课题的研究也就较少,进而也就不能引起决策者的

重视。

就此来看,西部地区各级政府部门的决策者只有尝试转变思想观念,给予体育旅游产业以新的认识,切实了解到其中的发展前景和价值,才能充分结合地区资源优势,为体育旅游产业的发展创造有利条件。

(二)加大普查力度,保护相关资源

西部地区历来是我国自然资源和人文文化的宝库,拥有极具特色的民族风情。为此,相关部门务必要做好对这些宝贵资源的普查工作,对这些资源做到心中有数,进而为资源保护工作以及西部体育旅游市场的开发打好基础。

国家旅游局发布《中国旅游资源普查规划》中要求西部地区相关部门应集中人力、物力、财力,对管辖区内的体育旅游资源进行全力搜集与整理,力求准确、完整地反映体育旅游资源的情况,并编制资源名目,撰写调查报告,如此有助于深入认识地区体育旅游发展的多方面优势,还要在对资源进行开发的同时做好资源保护工作,做到科学开发和绿色开发。

为了提高对资源的保护意识和做出切实的保护行动,需要做到以下几个方面。

(1)制定体育旅游自然生态环境保护条例。制定体育旅游自然生态环境保护条例应是西部地区体育旅游主管部门对于资源保护的一项重要工作。在制定这一保护条例时要注意兼顾体育旅游开发的情况,更要厘清本地区生态环境的薄弱点。只有兼顾好这两方面,制定出的保护条例才能切实发挥作用,真正做到在不破坏自然环境的前提下使体育旅游产业获得发展。

(2)制定民族体育文化保护条例。民族体育文化是各民族发展过程中凝结出的精华,针对民族体育文化制定相应的保护条例能够更明确、更具体、更系统、更严肃地促进相关部门做好保护工作。条例中可以要求建立体育文化保护区、体育文化基地等来具体落实各项保护工作。

（3）建立西部地区民族体育文化传承的激励机制。西部地区的民族体育文化传承很大程度上要依托当地群众来完成，为此，西部地区的教育部门应着手建立并完善相关体育文化传承的激励机制，鼓励群众发现、挖掘、整理和保护这些宝贵资源。为更好地做到这点，应突出发挥学校的教育功能和文化传承功能，让民族体育文化来到学校，走进课堂，鼓励学校在各种形式的体育活动中更多地加入民族体育的内容。

（4）组建民族体育表演队。在民间组建民族体育表演队有助于宣传西部地区特色民族体育，推进地区体育产业向市场化发展过渡，让更多人认识到民族体育文化资源的真正价值，同时也是提升西部地区民族传统体育文化的影响力和感染力的重要举措，以此使西部地区的体育文化继续得到良好传承，继而成为西部地区体育旅游业的发展助推器。

（三）突出区域优势与特色

就目前与东部地区体育旅游业的对比来看，西部体育旅游业无论从产业规模、经济效益、资源利用程度上，还是从开发出的产品的竞争力上都有不小的差距。差距产生的原因归根结底还是西部地区的体育旅游市场开发没有注重对区域优势和特色的突出，如此就使得所开发出的产品与其他地区风格趋同，创新性不足。

在已经开展并取得一些成绩的西部体育旅游业中，跨地区的区域联合产品创新是主要的创新之路，但仅凭这点还远远不够，还应该探寻一条自主开发适宜产品的创新之路。西部体育旅游资源的特点决定了对体育旅游资源的开发务必选择适宜的技术，确保被开发出来的资源依旧保持西部的原生态特色，以及确保开发的同时还对资源有必要的保护。由此可见，运用现代技术开发体育旅游资源的必要性，这是创新体育旅游产品的保证。例如，使用现代信息管理技术统筹管理体育旅游景区的各项建设和开放工作，以此充分发挥体育旅游产品的竞争优势和展现良好的体育旅游管理水平。

不过就目前的情况来看,西部地区的经济发展整体水平有限,对科技含量较高的技术引进也会遇到资金方面的阻碍,进而严重影响体育旅游产业的科技创新性。相反,对那些传统旅游产品来说,原生态的欣赏感受并不需要多少现代科技的参与,反而市场反响更为理想,这也是西部地区体育旅游资源的特色之一,要加以保护。

总之,在不破坏原有自然景观的基础上,要大力将更多富有科技含量的技术融入体育旅游产品之中,再通过特质资源加适宜技术开发体育旅游产品并形成产品特色,如此才能确保西部体育旅游的开发是卓有成效并富有特色的。

(四)扩大市场发展空间,推动产业化进程

西部地区无疑拥有非常丰富的体育旅游资源和巨大的体育旅游业发展空间,但这能否成为现实还依赖于高水平的市场开拓,其重点为能否从更深层次上挖掘体育旅游产品的内涵与深度,这才是对体育旅游消费者的核心吸引力。

西部地区是我国长江与黄河的发源地,从古到今都拥有灿烂的文化,耳熟能详的有秦兵马俑、敦煌莫高窟、乐山大佛、丽江古城等。还拥有鬼斧神工的如丹霞地貌、雪域冰川、黄土高坡等自然景观。当然还有数量众多、形式多样的民族传统体育运动项目。为此,坐拥如此丰富的文化资源,就要借助资源优势拓展市场空间,满足各种市场需求,开发出优质体育旅游产品,并且支持与体育旅游紧密相关的周边产业的发展,如此才能推动体育旅游的产业化进程。

(五)将体育旅游项目与整个旅游业融合起来

在体育旅游市场开发的过程中,如果能将其与地区的旅游业有机融合,自然可以借助整体的力量带动体育旅游这个局部。为了能够达到这样的目的,应做到如下三点。

（1）西部各省或自治区的旅游环线及要素方案规划是旅游产业的具体开展方式。为了更好地将体育旅游与整个旅游产业相融合，将体育旅游的项目配置、景区经营纳入西部各省区旅游规划之中是再合适不过的了。在操作过程中要做到发掘体育旅游资源优势，合理进行项目选址，深入研究项目可行性，规范相关设施建设，及时发布各景区体育旅游项目活动的相关信息。如此才能有效与整体西部旅游业融合，助推西部体育旅游整体发展。

（2）重视体育旅游景区的多样化开发，促进体育旅游产品高效利用。西部地区的文化资源丰富，但在共同支撑体育旅游产业的过程中需要注意协调各种资源使之能够共生，使景区形成资源共享的格局，共同为体育旅游市场的开发带来应有的帮助。

（3）为杜绝整体中的部分过于独立，不能形成整体合力的情况，应从宏观上对整体进行调控，如建立规范的体育旅游市场统计标准，规划体育旅游专业化配套目标检查等。此外，为了促进西部地区各省或自治区的体育旅游市场发展，还需要在统筹规划时对发展目标的定位和设计做到既有差异性又有一致性。

（六）加强基础设施建设，完善配套服务

旅游业是否能得到发展，其关键就在于是否能给游客提供良好的游览体验，这种体验来自身体、心理和情感三方面。基于此，就决定了体育旅游产品的特殊性。为了使体育旅游产品能够给予人们好的体验，就需要从完善的基础设施建设入手，这也是提升一个地区体育旅游市场竞争力的重要方式。搞好体育旅游基础设施建设的具体方式主要应做好如下两点。

（1）充分利用现有的民族传统体育设施或一切有需要的体育场馆来承办各种体育赛事或活动，这是一种见效较快的吸引游客的方式。还有一点不能忽视的，就是做好观众的配套服务工作，如创造顺畅的交通、丰富的饮食选择以及完善的住宿。

（2）对游客的各方面需求予以足够的重视，使他们在消费了体育旅游产品后切实感到身心愉悦和满足。为此，就需要重视对复合型体育旅游管理人才培养,以此力争以更加专业的方式向游客传授科学的运动健身方法。

(七)树立品牌意识,拉动体育旅游产业升级

西部地区蕴含的体育旅游资源丰富且多样,然而体育旅游市场当中能够被人们所知晓的品牌却不多,这标志着西部体育旅游市场还处于初始阶段。就买卖双方对市场的影响来看,如今的体育旅游市场总体属于买方市场,作为体育旅游资源持有的一方在市场当中的地位较为弱势,需要通过打造优良的自身品牌来吸引游客前来参与消费。因此,建立体育旅游品牌意识是刻不容缓的,这也是一种全面推动体育旅游产业升级的前提条件。

对于我国过往的旅游市场来说,由于信息传播媒介匮乏,总是出现信息滞后的情况,如此非常不利于消费者了解相关信息,影响游客的选择。为了满足现代游客对旅游目的地的信息了解需求,以互联网和电子商务为载体的网络营销应运而生,成为新兴的、值得依靠的体育旅游营销手段。这点对于西部体育旅游品牌创建的意义非常重大,是其体育旅游产业升级的重要策略之一,其具体做法包含以下几个方面。

(1)在互联网上发布有关西部体育旅游产品特色、服务优势、文化底蕴等的信息,向消费者进行自我推销,同时这还是一种对潜在消费者建立印象的过程。

(2)以拉近市场距离和符合市场规律为目的,通过互联网塑造良好的品牌形象,力争获得市场认同。

(3)通过互联网了解同行业中竞争对手的发展情况,如此有助于对自身有一个正确的市场定位。

(4)通过互联网来加大体育旅游产品品牌的推广力度和买卖双方的便捷程度。以互联网承载的电子商务平台在营销过程中可以为买卖双方带来便捷,这种便捷无论是在信息获取环节还是在结算支付环节都大大提高了效率,也提升了消费者的购买体验。

（八）实施本地居民参与机制，加大政府的宏观调控作用

西部体育旅游市场的活跃对于当地经济发展来说是非常客观的潜力点，其不仅是对经济收益的提升有直接帮助，还会对本地社会、文化以及生态等领域的发展产生积极的连带影响。为此，在制订体育旅游发展目标时，要结合本地群众的切身需求与利益，使本地居民都能参与到体育旅游市场的建设和维护之中。

首先，体育旅游的发展并不是单一一个行业的事情，而是需要当地全社会给予认可和支持，甚至是参与其中，成为品牌打造的一分子。这些事物如果仅仅依靠商人来完成，必定会由于太过注重商业利益而忽视掉一些本应有的朴实的东西，也不会考虑到本地居民的利益和不注意保护生态环境。因此，在进行体育旅游规划时，要充分聆听本地群众的意见，使他们得到充分的参与权。

其次，在体育旅游业的发展中要依靠市场，但又不能完全仅凭市场来调控。为了更好地进行产业创新和升级，还需要政府的政策支持与引导，如对重要的体育旅游资源采取保护措施。种种这些都需要地方政府发挥作用，协调体育旅游行业经营者、游客及本地群众的三者关系，解决其中可能出现的矛盾，最终实现西部地区社会、经济、生态、文化等的可持续发展。

第三节　我国环渤海地区体育旅游市场开发与发展

一、环渤海地区体育旅游资源概况

环渤海地区体育旅游资源的开发有着众多优势，这些优势包括旅游资源、交通网络、历史文化以及大量客源等，下面分别进行阐述与分析。

（一）旅游资源

环渤海地区旅游资源丰富，其中最为突出的就是山东省。山

东是环渤海地区省份,省内有著名旅游景点近千处,包括享誉世界的泰山名胜区与孔子故里曲阜,它们都被列为世界文化遗产。旅游资源的优势是可以带动其他形式的旅游产业的,这一资源也提供了游客的旅游体验保障。

环渤海地区拥有较多数量的特色城市,大连、秦皇岛、青岛等海滨城市,还有济南的三大名胜、泰安的泰山等,都令广大游客流连忘返。走进曲阜,可以感受到"文圣"孔子的博大精深;到了大连,体验着"北方明珠"的舒适;来到秦皇岛,体验着大浪淘沙的历史沧桑;来到潍坊,五颜六色的风筝会让游客惊叹不已。

总体来看,丰富的旅游资源为环渤海地区发展体育旅游奠定了坚实的物质基础。

(二)交通网络

环渤海地区皆为沿海省份,其中山东省是该地区较为重要的省份。山东省位于东部沿海地区,地处黄河下游、京杭大运河的中北段。山东半岛位于渤海与黄海之间,东部与朝鲜半岛、日本隔海相望,北面与辽东半岛相对,西边与河北省接壤,西南与河南省交界,南部与安徽、江苏省相邻,可以说战略地位十分重要,是我国北方的咽喉部位。特殊的地理位置使山东省成为华北地区与华东地区的接合部,作为黄河经济带与环渤海经济区的汇合点,使山东省成为我国东部沿海地区最大的开放区域之一,在全国经济发展中具有重要地位。此外,山东省位于中日韩"旅游金三角"的核心,距离韩国和日本都很近,同时又位于长江三角洲与环渤海地区两大客源地的中间位置,这种双重的市场结构使山东省在高端度假与文化体验方面具有巨大的市场需求。

(三)历史文化

我国的环渤海地区有着灿烂而悠久的历史文化,同时具有非常深厚的人文底蕴与独特的民俗习惯,这是发展环渤海地区体育旅游的优势所在。这里以山东省为例,对环渤海地区的体育旅游优势进行分析。

1. 悠久的历史

山东是中华文明的重要发源地之一,它地处环渤海地区。这个地区有人类居住的历史要追溯到四五十万年前。通过细致的研究已经确定了自汉唐时期始,山东就是我国与外国丝绸贸易的主要货源地。除此之外,山东自古至今在各方面都具有重要的历史地位,对我国多方面发展产生了深远影响。

2. 丰富的文化

中国是"礼仪之邦",而山东是体现出我国礼仪文化的代表,自古就有"孔孟之乡"的美誉。山东地区是孔子、孟子等圣人的故乡,自古以来具有深厚的文化传统。

山东还是中华民族群构时期的策源地之一,在其地域内出现过史前的仰韶文化、龙山文化等,证明了山东地区的深厚历史文化积淀。

山东的日常饮食与时节风俗也体现出深厚文化底蕴。鲁菜作为我国北方的著名菜系,是中国饮食文化的重要组成部分。

3. 独特的民俗

环渤海地区的民俗风情较为丰富。在山东的胶州地区有着奔放粗犷的秧歌以及传统祭海出渔仪式,潍坊地区有享誉全国的风筝制作工艺等。

正是借助这些多样化的民俗活动,使得环渤海地区近年来开展了多项与民俗有关的旅游活动,节庆民俗旅游是其中的代表,广受旅游爱好者的青睐,为当地经济、社会、文化的多元化发展带来了良好效益。

(四)大量客源

从国内市场来看,环渤海地区集结着大量海滨城市,具有非常稳定的客流市场。青岛、秦皇岛、大连等城市一直以来是我国热门的旅游城市,而且在国际交往中(如"一带一路"倡议等)获取了众多资源,有着巨大的客源市场。对于环渤海地区来讲,巨大的客源市场为体育旅游市场的发展提供了非常有力的保证。

二、环渤海地区体育旅游市场开发与发展的策略

(一)合理进行规划,综合协调发展

环渤海地区体育旅游市场的开发要注意兼顾考虑好不同省份的实际情况,如人口、资源、环境、社会文化等。特别是要对与体育旅游市场息息相关的自然生态环境和社会环境有一个相对准确的评估,以确保环境能够承担体育旅游市场的开发活动,以此有效避免为追逐短期利益的商业投机行为对环境的破坏。为此,在开拓环渤海体育旅游资源过程中的每一项重要决策都要由各级政府共同参与研究,对开发过程中可能遇到的问题要做好风险预测,并制定相应的应对方案,尽最大力量协调好资源开发与当地社会发展的关系,特别要厘清近期与长远、游客与居民、保护与开发、投资与经营等多种关系。此外,对于环渤海体育旅游带的打造中的每一个过程都要有严谨的科学论证和严格的建设施工,以此尽可能地消除自然或人为因素对旅游资源造成的破坏和对环境构成的污染,确保打造的体育旅游带能够获得可持续的发展。

(二)开发与保护并重,优化利用相关资源

在环渤海体育旅游带的开发过程中,选择正确的开发方式是非常关键的,这直接决定了开发行为的效率和合理性。为此,应综合考虑环渤海地区各个省份的自然与社会环境,对其中有限的体育旅游资源要高效开发,对不能再生的体育旅游资源少开发或者不开发,对数量较多的资源应在满足市场需求的基础上大量开发。在开发的同时,还要注重对自然环境和人文景观的保护。通过对环渤海体育旅游带的合理开发、优化利用,使环渤海地区体

育旅游资源实现良性运行。[①]

（三）通过法律和经济手段，公平分配旅游收益

要想使环渤海体育旅游带实现可持续发展，首先要建立法规制度，使本地居民充分被动员起来，以实际行动参与到保护旅游资源、自然及社会环境之中，在体育旅游发展建设中献言献策，从而为环渤海地区旅游资源的开发、建设、管理和服务提供必要的帮助。其次要充分利用市场机制，在不影响本地居民日常生活和不破坏本地生态环境的前提下，面向市场，以高质量的旅游产品与服务吸引游客，从而增加旅游收益，为实施保护积累资金。

另外，在销售体育旅游产品成功获得收益之后，还要保证从收益中分配出一定比例的资金用于保护自然环境事宜上。其余收益要以各方在前期的付出为基础公平分配，如在分配过程中遇到矛盾和问题难以解决，可以考虑通过法律或经济手段尝试解决，以确保各方的利益得到维护。

第四节　我国东南沿海地区体育旅游市场开发与发展

我国东南沿海地区包含众多省份，根据地理特征，主要将其分为长江三角洲地区和珠三角地区。

一、长江三角洲地区体育旅游市场开发与发展

（一）长江三角洲地区旅游资源概况

长三角地区包含江浙沪等省市，是中国经济、文化、旅游和科技等最为发达的地区之一，体育旅游占区域旅游产业的份额以每年 30%～40% 的速度递增，体育旅游呈现的迅猛发展的态势。

---

① 闫立亮，李琳琳．环渤海体育旅游带的构建与大型体育赛事互动的研究[M].济南：山东人民出版社，2010.

上海市是国际贸易中心,经济发达,城市内人文景观和自然风光融为一体,形成了独特的城市景观。上海市体育旅游资源丰富,东方绿洲、闵行体育公园、F1 赛车场、室内滑雪场等一大批体育旅游项目投入使用。室内举办的马拉松、F1 赛事、网球等赛事也吸引了大批国内外游客到上海观赏赛事旅游度假。

江苏省自然条件优越,经济发达,作为六朝古都自然和人文旅游资源丰富。近年来,随着国家对全民健身的重视,市民的体育参与度变高,体育赛事的数量和赛事的参与者也逐渐增多,许多体育赛事和当地的旅游资源结合,带动了体育旅游产业的发展。

浙江省旅游资源总量位居全国前列,依托旅游资源优势浙江体育产业得到了大发展,浙江也特别重视体育旅游资源的开发。浙江富阳充分利用当地的山水文化优势,致力于推动体育产业融合,并通过抓品牌赛事来推动体育、旅游的融合,在全国打响运动休闲城市品牌。浙江舟山充分利用海岛城市的区位优势,大力开发滨海休闲体育旅游,形成具有海洋特色的体育旅游产品。

由此可见,江浙沪地区可用于体育旅游市场开发的资源丰富。如表 8-1 所示。

表 8-1　江浙沪体育旅游资源情况 [①]

地区	体育旅游自然资源	体育旅游人文资源
江苏	中山陵风景区、牛首山、苏州园林、花果山、太湖、灵山、茅山等	南京马拉松赛、溧阳体育特色小镇、泰州铁人三项赛、环太湖自行车赛等
上海	佘山、淀山湖、深水港、崇明岛、人民广场等	上海国际马拉松、上海网球大师赛、上海虹口足球场、东方明珠等
浙江	富春江、新安江、西湖、千岛湖、太湖、普陀山、朱家尖、余姚河姆渡遗址、余杭良诸文化、白堤、苏堤等	杭州世界休闲博览园、杭州展览馆、宋城、西湖博览会、黄龙体育中心、航空滑翔、空中游览太湖、航空模型竞翔等

① 阮威. 融合与共生:长三角"体育旅游圈"协同发展路径研究[J]. 体育科技, 2018,39(5).

(二)长江三角洲地区旅游资源基本特征

在长三角地区内可供体育旅游市场开发的资源的最大特点还在于其综合性上。具体来说,其资源既有自然景观也有人文景观,既有传统文化也有现代文明,可谓是层次多样,对比鲜明。

通过对长三角地区的旅游资源发展特征进行归纳,可总结为四大文化系列,具体如图8-1所示。

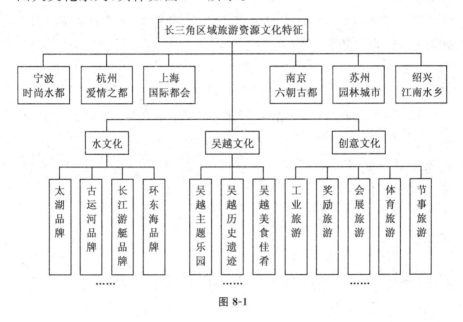

图 8-1

1. 城市文化

包含不同类型的城市,如国际都市上海、六朝古都南京、时尚水都宁波、爱情之都杭州、园林城市苏州、江南水乡绍兴等。长江三角洲地区的各种自然资源、经济资源与社会文化资源相互融合,形成了特色鲜明的长三角文化。此外,长江三角洲地区还有世界文化和非物质遗产等。

2. 水文化

素有"鱼米之乡"的江南地区自然离不开水。长江三角洲地区的丰富的水资源将城市群中的各个城市联系起来,取长补短,共同发展,打造出富有特色的水文化。

3. 吴越文化

长江三角洲地区是中华文明的发源地之一,其中更是以吴越文化作为代表。吴越文化深刻融入了当地民众的生活,在历史遗迹、民俗曲艺和美食佳肴等方面都有所展现,特有的文化魅力吸引着大量中外游客前来体验。这一文化也可以与体育旅游行业相融合,成为宣传推广的亮点之一。

4. 创意文化

长江三角洲地区有着对个性非常崇尚的创新精神,而且非常善于将富有个性的创意文化开发出来获得经济收益。在这种文化氛围和良好的经济环境下,各种新兴理念、思潮不断萌生,形成了独具特色的创意文化,而本地旅游业也凭借这一创意东风融入了更多新潮元素,表现出了与其他地区旅游行业风格的明显不同。

(三)长江三角洲地区体育旅游资源开发的策略

1. 加强对体育旅游资源的联合开发

从开发体育旅游资源的角度来看,联合开发相比独立开发能够节省生产成本,产生更大的规模效益,这是联合开发的优点。在体育旅游资源开发上,联合开发可以产生"旅游资源共享、旅游位势叠加"的综合效应,通过联合开发方式的利用,既能提高区域体育旅游资源的综合区位,促使不同体育旅游资源协调发展,同时使得区域体育旅游产品不断丰富,提高区域体育旅游资源的综合吸引力,从而提升长江三角洲地区体育旅游产业的综合竞争力。

通过对长江三角洲地区的地理位置及旅游资源分布及特征

进行研究可知,长三角地区的各个省份与城市具有地理相近、文化类似、经济相融、资源互补的特征,具有体育旅游资源联合开发的独特优势与条件。因此,如果长三角地区内各个旅游城市积极合作,目标一致,进行区域内体育旅游资源的联合开发,势必推动长三角地区体育旅游业的快速发展。

2. 建立和形成体育旅游资源联合开发的体制与机制

确保长三角地区体育旅游联合开发的实施,需要有联合开发的体制与机制作为保障。在长三角城市体育旅游一体化发展的指导思想下,各城市结合自身实际情况,可以商讨建立长三角城市旅游资源联合开发委员会,比如长三角环太湖旅游带旅游资源联合开发区域委员会、长三角京杭大运河旅游带旅游资源联合开发区域委员会等。

另外,也可尝试建立实体性的经济组织,实现城市旅游资源联合开发。比如可以建立长三角城市旅游资源联合开发总公司、长三角旅游圈、长三角资源联合开发总公司等。

此外,还可以成立长江三角洲世界遗产联合申报委员会,将区域内的所有世界遗产的开发问题进行磋商,同时也可以成立长江三角洲旅游资源联合开发基金,设立专项基金会来募集、管理与使用基金,将其投入于长三角洲区域的体育旅游产品开发上。

3. 构建长三角体育旅游带

总体来看,长三角地区旅游资源的空间分布呈现出旅游圈状与带状的空间结构。从长远来看,长江三角洲各城市旅游资源应形成 1 核、5 极、5 圈和 7 带。

1 核:上海。

5 极:杭州、南京、苏州、无锡、宁波。

5 圈:上海核心旅游圈,包括由上海、苏州、嘉兴、南通等;南京旅游圈,包括南京、镇江、扬州、泰州等;杭州旅游圈,包括湖州、绍兴、杭州等;环太湖旅游圈,包括苏州、无锡、常州、湖州、嘉兴等;

宁波旅游圈,包括宁波、绍兴、舟山等。

7带:沿江旅游带、沪杭旅游带、沪宁旅游带、杭甬旅游带、沿运河旅游带、环太湖旅游带、沿海旅游带。

通过旅游圈和旅游带的构建,以体育旅游资源联合开发为枢纽,对体育旅游设施进行合理安排,共同开发体育旅游产品,共塑区域体育旅游形象,以此来推进长三角地区的体育旅游发展。

4. 规划和设计长三角地区体育旅游线路

体育旅游资源的联合开发不仅可以推动体育旅游产品多渠道的联合开发,还能加快区域体育旅游一体化的建设。因此,长三角地区内的各旅游城市要进行体育旅游资源的联合开发,以此为发展契机,构建多项旅游路线,利用区域内的所有资源开发体育旅游产品,展开体育旅游活动。通过对体育旅游线路的规划与开发,以及相关旅游品牌的打造,无疑将加快推动长三角地区体育旅游产业的快速发展。

5. 开展多种形式的体育旅游资源联合开发活动

长三角地区内,进行体育旅游资源的联合开发主要有以下几种形式。

(1)京杭大运河、沿长江、沿海、沿湖、沿公路线或客运专线等旅游资源空间分布呈规律分布类型合作区。

(2)长三角地区水乡古镇、长江三角洲园林、长江三角洲名人、长江三角洲古城、长江三角洲美食、长江三角洲博物馆、长江三角洲山水、长江三角洲吴越文化等文化共同区、海岛、沿海、沿江、环湖等具有相似性旅游资源的联合开发属于旅游资源相似性类型合作区。

(3)长江三角洲上海旅游圈、杭州旅游圈、南京旅游圈、宁波旅游圈等因中心旅游城市的强吸引力、中心职能高强度的带动作用而引致的区域旅游资源联合开发属于旅游资源引力区类型的联合开发区。

二、珠三角区域体育旅游市场开发与发展

(一)珠三角区域旅游资源概况

珠江三角洲毗邻港澳,与东南亚地区隔海相望,在经济区域概念上主要指广州、深圳、佛山、东莞、中山、珠海、江门、肇庆、惠州9个城市,区域面积54 754平方千米,占广东省土地面积31%。

珠江三角洲地区是我国对外开放的门户,人口聚集多、综合实力强,是全球有影响力的制造业基地和现代服务业基地。作为现代服务业的重要组成部分,珠三角区域旅游产业规模大,种类齐全,出游人次、接待人次及旅游收入都位居全国榜首,而这些城市中又以广州、深圳最为突出。

旅游资源是发展体育旅游的基础。珠三角地区历史文化悠久,自然景观丰富,社会综合发展水平较高,各类旅游资源都比较丰富。珠三角地区自然旅游资源分为三大类:地景旅游资源;生物旅游资源;水景旅游资源。

地景旅游资源:粤东龙川县的霍山、平远县的五指石等丹霞地貌;肇庆七星岩、乐昌古佛岩、云浮蟠龙洞等岩溶地貌;惠州罗浮山、珠海石景山的"动物"石等花岗岩地貌,这些丰富的资源可以开展登山、定向越野、攀岩、野外生存等体育旅游项目。

生物旅游资源:深圳野生动物园、广州香江野生动物世界、华南植物园,广州的两片"肺叶":白云山、华南植物园、番禺百万葵园;高要广新农业生态园,珠海农科奇观。

水景旅游资源:珠三角地区有面积大于100平方千米的海岛:东海岛、南三岛、南澳岛、海陵岛。海岸线长,条件较好的海滨沙滩有阳江海陵岛大角湾、南澳青澳岛、惠东巽寮湾等。第一个海底潜水旅游地——茂名电白水东镇的放鸡岛。珠三角地区著名的风景河段有西江小三峡(羚羊、大鼎、三榕),北江中下游三峡(飞来、香炉、大庙),"天下第一漂"全国最早开发的江河漂流——

九泷十八滩(乐昌坪石镇至乐城镇间的武江河段)。这些资源中蕴含着丰富的体育旅游资源:如冲浪、游泳、潜水、帆船、赛艇、沙滩排球、垂钓、海岛探险等都是新兴的体育旅游项目,而且深受人们的喜爱。

(二)珠三角区域体育旅游市场开发的策略

1. 制定滨海保护区生态旅游发展战略

(1)建立保护区内旅游发展的目标与模式

对于珠三角地区的生态旅游发展的保护需要通过建立生态旅游发展的目标和模式的来得以保障。对于珠三角地区的体育旅游业发展战略规划来说,首先还是要以地区体育旅游资源优势为依托,围绕其进行合理规划和统筹布局,将自然美与人工美、生态与环境、保护与开发融合成一个统一体。特别值得注意的是在对体育旅游资源进行开发的过程中要坚持保护与开发相结合的原则,两者同时进行,不能只重开发,不重保护,以此促进珠三角区域体育旅游资源的可持续利用。

(2)制定科学的生态旅游规划

为使珠三角区域内的体育旅游资源得到合理开发与必要的保护,制定一个科学的与该地区旅游资源特点相符合的发展规划是非常重要的。这个规划的制定要以地区自然生态伦理理论、生态经济学理论为指导,遵从生态系统的基本规律,如此才能对区域内体育旅游资源的结构、功能、规模等进行统筹规划,并做到开发与保护兼顾。

2. 合理设计滨海保护区功能分区

珠三角地区城市多为滨海保护区,针对这一地区的体育旅游资源开发必须要在该地区的功能限定内进行,如此实现土地利用与控制的有机结合。为此,就需要对滨海保护区的功能分区进行合理设计。这个功能分区的最大用意就在于保护珠三角区域内的生态环境和保护区的核心保护对象避免遭受破坏。在具体的功能分区设计上，针对不同的区域要根据资源优势做出具体计划，在此基础上设计出的功能分区才能吸引更多的游客前来。

3. 合理进行旅游开发定位和形象策划

不断开发出更多富有创意的体育旅游产品是实现珠三角地区体育旅游可持续发展的关键。为了能够开发出这类旅游产品，在前期就要付出大量精力做好市场调查，确定好即将开发的产品的市场定位和消费群体，以便更加具有针对性地投入市场。

体育旅游产品的开发要始终以本地的体育旅游产业总体规划为指导，此外还需要将开发目标与本地总体发展目标相对比，力求两者之间的目标方向一致。开发新的体育旅游产品时要注意不断提高服务水平，建立和形成珠三角地区体育旅游品牌。

第九章　北京—张家口冬奥会契机下我国冰雪体育旅游的可持续发展研究

北京携手张家口联合举办 2022 年冬奥会,为我国冰雪体育旅游的可持续发展带来了巨大的发展契机,所以一定要牢牢抓住这个发展机会。为此,本章基于这个大背景对国内外冰雪体育旅游发展概况、冰雪体育旅游的策划与设计、冰雪体育旅游的可持续发展策略、我国冰雪体育旅游发展的实证分析、"京张"体育旅游产业的发展进行深入研究,力求进一步夯实我国冰雪体育旅游可持续发展的理论基础,为我国冰雪体育旅游可持续发展提供切实可行的理论指导,从根本上加快我国冰雪体育旅游的发展速度,为 2022 年北京—张家口冬季奥运会更加顺利地开展尽绵薄之力。

第一节　国内外冰雪体育旅游发展概况

一、国外冰雪体育旅游的总体发展情况

冰雪运动发展到现在越来越受到人们的青睐,冰雪旅游市场也迎来了一个良好的发展契机。当前,世界冰雪体育旅游发展水平参差不齐,欧洲、北美、东亚等地区由于发展时间较早,目前已初步形成了一个较为完善的发展体系,世界冰雪体育旅游发展较好的国家见表 9-1。除此之外,非洲北部及南美洲等地区的一些国家也有一些天然的优质的滑雪场,也获得了不错的发展。

表 9-1　世界主要冰雪体育旅游目的地

国家	发展历史	旅游特色
加拿大	1894 年已有滑雪活动的相关新闻和报道	独具风格的滑雪乐园,深受人们喜爱的度假胜地
瑞士	1864 年,阿尔卑斯山就已开展过滑雪运动	欧洲乡村型度假村镇,风格鲜明,深受人们青睐
挪威	世界著名滑雪胜地、现代滑雪运动诞生地	冰旅馆、北极圈风光
瑞典	世界著名滑雪胜地	冰旅馆、北极圈风光
芬兰	世界著名滑雪胜地	北极圈风光、圣诞老人故乡、千湖之国
日本	1911 年引进现代滑雪技术	冰雪博物馆、冰雪温泉度假旅游
韩国	1975 年建立首个滑雪场	室外温泉旅游、冰雪博物馆、冰雪旅游与高尔夫

(一)欧美地区冰雪体育旅游的发展情况

欧美地区冰雪体育旅游已经经历了上百年的发展历程,在发展过程中逐步形成了很多知名度较高的冰雪体育旅游胜地。这些冰雪体育旅游胜地自然环境优美、民族文化绚丽多姿、自然资源丰富,先后举办过很多在世界范围内拥有巨大影响力的冰雪体育赛事,同时已经发展成为在世界范围内拥有巨大知名度的冰雪体育用品销售中心。发展至今,欧美地区已经顺利构建出了庞大的冰雪体育旅游产业体系,并且完善程度已经很高。在诸多有利因素的共同作用下,欧美冰雪体育旅游在世界冰雪体育旅游市场中所占的地位越来越重要。瑞士圣莫里茨、美国科罗拉多州特勒里德、加拿大不列颠哥伦比省的惠斯勒等都是欧美地区知名的冰雪体育旅游场所。

（二）亚洲地区冰雪体育旅游的发展情况

纵观世界范围内的冰雪体育旅游市场可以发现,亚洲地区的旅游市场近些年来获得了不错的发展,越来越受到世界各国人民的重视。日本、韩国等地区的自然条件优越,近年来加大了冰雪市场方面的开发力度,集中各类优势资源大力发展冰雪运动,这极大地推动了冰雪旅游业的发展。随着日本、韩国、中国等国冰雪体育旅游业的发展,在体育产业发展的背景下,逐渐占据了一定的市场,具有一定的市场竞争力。对于我国而言,虽然冰雪运动在我国发展的时间较晚,但是辽宁、吉林和黑龙江等省由于资源比较丰富,冰雪特色鲜明,深受冰雪爱好者的欢迎,其发展的规模也是越来越大。

二、我国冰雪体育旅游的发展情况

（一）我国冰雪体育旅游的场地设施现状

单从字面上来看,就能看出冰雪运动具有明显的"季节性"特征。我国包括东北地区和华北地区在内的多个地区都有相对漫长的冬季,同时冰雪资源也尤为丰富,这为这些地区发展冰雪体育旅游奠定了良好的基础条件。据不完全统计,当前建设冰雪旅游资源的省级行政区有数十个、室内和室外冰雪旅游场地已有二百多处。

（二）我国冰雪体育旅游的游客与收入现状

随着我国体育运动的快速发展,人们日益意识到体育运动的价值和意义,这也是全民健身运动在我国广泛开展的重要原因。发展到现在,有冰雪资源优势的省市,如辽宁、黑龙江等都加大了冰雪场地建设,吸引了大量的冰雪运动爱好者前来参与,这为我国冰雪体育旅游市场的建立与发展提供了良好的范例。以黑龙江省为例,每年前来参加冰雪体育旅游的总人数已达数百万,取得了不错的经济收入,由此可见我国冰雪体育旅游拥有广阔的发展前景。

（三）我国冰雪体育旅游的品牌建设现状

截至目前,我国一些地区已经对冰雪体育旅游的品牌进行了创设,如长春净月潭冰雪旅游节、哈尔滨国际冰雪节等,这些品牌对很多游客都产生了巨大的吸引力,也有效带动了当地的经济发展,还对广大群众维持身心健康有显著作用。

（四）我国冰雪体育旅游的研究现状

冰雪运动之所以深受人们的欢迎和喜爱,一个重要的原因就在于冰雪运动具有多元化的功能,如健身、娱乐、休闲等,大力发展冰雪体育旅游业,不仅能增强人们的体质,丰富人们的精神文化生活,还能获得较高的经济价值。

目前,有学者研究了冰雪体育旅游资源的划分,将冰雪自然资源、人文旅游资源、冰雪赛事旅游资源等都归为冰雪体育旅游资源之内。另外,还有一部分学者深入研究了冰雪体育旅游文化,指出了发展冰雪体育旅游的意义和价值,认为发展冰雪体育旅游不仅有利于冰雪生态环境的保护,还能促进城市文化建设,满足人们体育旅游的需求。

从整体来说,我国许多地区都在相继增加开发冰雪体育旅游资源的力度,同时汇集各个方面的资源来发展冰雪体育旅游,当前冰雪体育旅游已经发展成我国崭新的经济增长点。

第二节　冰雪体育旅游的策划与设计

一、冰雪体育旅游策划的概念

冰雪旅游策划是指针对冰雪旅游资源而进行的冰雪旅游产品策划,其目的是促进冰雪体育旅游的推广与发展。在进行冰雪体育旅游策划的过程中,首先要详细分析冰雪旅游市场需求情况,然后整合各方面的冰雪体育旅游资源,如城市建设、社会环境、交通条件、市场经济水平等,为建立良好的体育旅游市场提供重要的基础。

二、冰雪体育旅游策划与设计的内容

随着冰雪运动的盛行,冰雪体育旅游内容越来越丰富,出现了各种与冰雪旅游相关的产品,这与冰雪体育旅游的策划与设计是分不开的,总的来说,冰雪体育旅游策划与设计的内容主要有冰雪体育旅游项目、冰雪体育旅游商品、冰雪体育旅游线路、冰雪体育旅游节庆等方面。

三、冰雪体育旅游策划与设计的基本要求

(一)以冰雪旅游资源为基础

富有特色的冰雪旅游资源往往能吸引冰雪运动爱好者的眼光,促使人们积极主动地参与冰雪旅游活动。由此可见,要想促进冰雪旅游市场的发展,要以冰雪旅游资源为基础。因此在策划与设计冰雪体育旅游资源时也应把冰雪体育旅游资源当成基础和前提,最大限度地彰显出体育旅游资源的优势以及特色。此外,在开展冰雪体育旅游资源的策划与设计活动前,一定要对冰雪体育旅游资源进行全面调查和客观评价。

作为冰雪体育旅游市场的开发者,在调查冰雪体育旅游资源时要充分考虑各个方面的因素,如冰雪资源、冰雪资源环境、当地政府部门城市发展规划等,同时还要对冰雪体育旅游发展对当地的影响等做出预测与分析,也就是说做好冰雪体育旅游资源发展的评价,评价的对象主要涉及资源容量、资源价值、资源特色、资源所在地发展情况等诸多方面。

由于旅游学是一门涉及多方面学科的交叉学科,所以在研究冰雪体育旅游资源的过程中不可避免地会应用到多个学科的知

识,因而很多人认为调查与评价冰雪体育旅游资源是专业性特征和系统性特征都尤为显著的过程,此外自然、人文学科的多个方面都涉及其中。由此能够得出,针对冰雪体育旅游资源展开科学的基础分析是策划与设计冰雪体育旅游的基础性条件。

（二）策划与设计要有市场基础

关于冰雪体育旅游开展的策划与设计应当和绝大多数游客的心理需求相吻合,要充分彰显出趣味性特征和参与性特征,为广大游客成为参与者提供便利,此外要保证广大游客能够从中获得乐趣。

是否深层次研究冰雪体育旅游市场可以对冰雪体育旅游策划与设计产生决定性影响。冰雪体育旅游市场是冰雪体育旅游供给市场和需求市场的总和,国家与冰雪体育旅游经营者之间、冰雪体育旅游经营者与消费者之间、冰雪体育旅游经营者之间的错综复杂的经济关系能够在冰雪体育旅游市场中得到一定的反映。

（三）注重策划冰雪体育旅游产品体系

冰雪体育旅游策划主要是围绕冰雪旅游产品开展,在策划与设计冰雪体育旅游产品时,要细致分析冰雪运动爱好者的心理和需求,策划的冰雪体育旅游产品要富有吸引力,能激发冰雪运动消费者或潜在消费者的参与热情。

与冰雪体育旅游资源不同,冰雪体育旅游产品不是抽象化的事物,而是具体的实物产品。作为冰雪体育旅游产品开发者要深刻认识到这一点。另外,还要认识到并非所有的冰雪体育旅游资源都能转化为相关的产品,即使将这一部分冰雪旅游资源开发为产品后,也并不一定能受到人们的青睐或者得到市场的认可。这就需要冰雪体育旅游产品的设计者从多角度进行全面的分析,策划与设计出富有市场竞争力的旅游产品。

四、冰雪体育旅游策划与设计的原则

(一)资源导向与市场导向相结合原则

冰雪体育旅游作为一种旅游形式具有显著的独特性特征,同时严重依赖冰雪体育资源。通常情况下,资源分布的地域性对冰雪体育旅游策划的资源导向性有决定性作用,因此要坚持资源导向原则来策划与设计冰雪体育旅游产品。但是,单纯坚持资源导向原则也是不科学的,还要遵循市场发展导向的基本原则,将这两个原则结合起来策划与设计冰雪体育旅游产品。作为冰雪体育旅游的策划与设计者,不仅要把冰雪体育旅游市场的需求内容和变化规律界定为理论依据,还要对冰雪体育旅游资源的开发主题、开发规模以及开发层次形成清晰、准确的认识,积极开发适销对路的冰雪旅游产品。除此之外,伴随着当前体育旅游市场的不断发展,出现了大量的崭新的体育旅游项目,冰雪运动作为一种极富趣味性的体育旅游产品,能深深吸引人们的目光,因此冰雪旅游产品开发者要坚持资源导向与市场导向相结合的原则去设计冰雪旅游产品,以迎合体育旅游市场发展,满足人们的需求。

(二)独特性原则

在地域分布规律的长期影响下,我国各个地区的冰雪体育旅游资源呈现出了各自的特色,各地区之间的差异性尤为显著。举例来说,我国东北地区有着优越的先天环境和冰雪旅游资源,在这样的背景下,当地政府及相关部门开发了大量的滑雪场,吸引了大量的滑雪爱好者前来体验。黑龙江省基于风格独特的冰雪资源,创立了良好的冰雪品牌,短时间内产生了一定的影响力。另外,2022年京张冬奥会申办成功也为北京与张家口的冰雪旅游业的发展带来了良好的契机。由此不难得出,在策划与设计具体的冰雪体育旅游产品时,一定要把开发旅游产品依托的资源性质、资源特点、软件设施、硬件设施等因素都列入考虑的范围,从而将资源的独特性发挥得淋漓尽致。

除此之外,冰雪旅游产品策划者还要在结合当地的冰雪资源与其他方面资源的基础上设计冰雪体育旅游发展模式,这一模式要与其他方面的旅游资源共存并获得共同发展和进步。如我国新疆地区就结合当地的实际情况设计并创办了丰富多彩的冰雪节庆活动,人们在参与这一活动的过程中,不仅能享受到冰雪运动的乐趣还能体验和学习到当地的民俗文化。

从某种程度上来说,利用冰雪体育旅游资源的得当程度对冰雪体育旅游策划与设计能否成功有决定性作用。要想使冰雪体育旅游资源迸发出巨大的生命力,就一定要开发出特色鲜明的冰雪体育旅游资源。

(三)环境、经济、社会效益协调统一原则

冰雪体育旅游的发展是建立在一定的生态环境基础之上的,如果生态环境遭到破坏,冰雪体育旅游就难以获得进一步的发展。因此在发展冰雪体育旅游的过程中,要充分厘清生态环境、体育经济与社会效益之间的关系,促进这三个方面的有机统一,争取开发出合理的冰雪体育旅游资源,从而促进冰雪体育旅游的可持续发展。

第三节　冰雪体育旅游的可持续发展策略

一、我国冰雪体育旅游的总体发展策略

为促进我国冰雪运动的发展,我国体育总局联合其他部门制定了《群众冬季运动推广普及计划(2016—2020年)》(以下简称《普及计划》),该《普及计划》的制定与实施对于我国冰雪运动的发展具有重要的战略指导意义,我国冰雪运动的发展都要以该《普及计划》为纲领文件。

（一）大力普及冬季运动文化

《普及计划》要求体育旅游产业部门的相关人员要充分认识冰雪运动的内涵与价值,采取各种措施与手段促进我国冬季体育文化的传播与发展。在冬季运动文化发展方面,不仅要发行大量的优秀的冬季运动类图书,还要建立一个关于冬季运动文化的信息传播平台,利用现代多媒体手段加强冰雪运动文化的传播与推广。作为一名冰雪运动员,一定要自觉充当冰雪文化的传播者和推广者,从而使冰雪文化对更多人产生强有力的吸引力。对于各个地区来说,一定要大力支持各类冰雪体育文化活动的开展,使冬季体育运动文化产品更加多元化。

（二）加大冬季运动场地设施供给

为推动我国冰雪运动的发展,充分满足人民群众日益增长的冰雪体育旅游需求,我国政府相关部门应积极建设冰雪运动场地,做好冰雪旅游的场地资源建设。对于一些冰雪资源不足的地区,可以建设临时性的冰雪场地,还可以利用新技术和新材料建设替代性的冰雪体育场馆,如旱冰场等,以充分满足当地人们的冰雪运动需求。

（三）充分发挥冬季运动社会组织的作用

开展冬季运动会对于我国冰雪运动的发展具有重要的宣传与推广价值。我国政府相关部门应该建立一定的冬季运动组织,为我国冰雪运动的开展提供一定的基础和动力。在冬季运动社会组织的带动下,加强冰雪运动各方面的建设,以满足人民群众的冰雪运动需求。

（四）广泛开展冬季运动项目赛事活动

为促进我国冰雪运动的发展,加强冬季运动的传播与推广是非常重要的,可以在条件允许的情况下,在社区、企业、单位等范围内开展不同形式的冬季体育运动,满足社会各类群体的冰雪运动需求。与此同时,开展的品牌活动与赛事应当达到群众参与积极性高以及影响范围大的双重要求,从而将其引导作用与示范作用充分发挥出来。

(五)带动青少年学生积极参与冬季体育运动

为促进我国冰雪运动的发展,在青少年群体中普及与开展冰雪活动是非常有必要的,一些有条件的学校可以充分利用各种资源开展冬季体育活动,为普及与推广我国的冰雪运动贡献应有的力量。

(六)加强冬季运动人才培养

人才是推动事物发展的重要力量,相关部门应制订一个专门的人才培养计划,将冬季运动指导员纳入国家社会体育指导员制度体系之中,采取各种手段和措施加强冬季运动指导员的培训,从根本上推动我国冰雪体育旅游的可持续发展。

二、冰雪体育旅游的节庆策略

冰雪体育旅游节庆活动是一项复杂的工作,因此相关工作人员要做好充分的准备工作。首先要根据实际情况制定切实可行的规划,运用科学的策略与方法推进冰雪体育旅游活动的开发。

(一)选好主题

做好冰雪体育旅游的主题策划是十分不容易的,需要注意以下几点要求。

第一,凸显冰雪体育旅游的主题,展示当地的文化背景与文化特色。

第二,冰雪体育旅游节庆活动带有一定的地域性特点,因此举办这类活动要能体现一定的民风民俗,让活动参与者深刻感受到当地的特色文化。这不仅能更好地宣传与推广冰雪运动,同时还能形成良好的口碑,增强当地民俗文化的影响力。

第三,要利用各种手段凸显冰雪旅游节庆活动举办地的经济特色,冰雪体育旅游节庆活动的举办需要一定的经济实力,因此在开展冰雪体育旅游节庆活动时,要全面分析和研究举办地的经济特色,保证节庆活动具有一定的特色和吸引力。

(二)准确定位

据调查发现,参加冰雪体育节庆旅游的人大多数是年轻人,他们通常都有着旺盛的精力,也有一定的经济实力;另外,夫妻共同参加节庆旅游活动也是一个比较常见的现象。因此,这就需要冰雪体育旅游节庆活动组织者找准定位,进行精确的市场细分定位,迎合冰雪旅游节庆活动参与者的口味,设计出富有特色的旅游产品。

(三)全面营销

在市场经济条件下,要想促进体育旅游市场的发展,加强市场营销与策划是非常重要的。在组织与开展冰雪体育旅游节庆活动时也应如此。只有通过一定的营销策略,才能宣传与推广旅游节庆活动,吸引人们的目光。在营销的过程中,主办方一定要针对活动的特色选择合适的营销策略,规划好活动的时间、内容,并将其传播给更多的人,突出旅游节庆活动的特色,激发人们参与活动的热情。另外,在进行信息传播时,主办方还要增强活动的神秘感,目的在于抓住大众的猎奇心理,吸引人们前来参与。

(四)精心组织管理

冰雪体育旅游节庆活动会牵涉很多方面的内容,从本质来说组织和开展这类活动的过程是一个十分复杂的过程,必须对各个方面的工作展开精心组织以及统筹管理。在开展冰雪体育旅游节庆活动期间,人流以及物流会在短时间内快速聚集在一起,要精心组织、系统管理、妥善处理好各个方面的问题,保证冰雪体育旅游节庆活动的质量和效率。

（五）不断创新

冰雪体育旅游节庆活动的主题应当新颖,并在此基础上对其进行坚持不懈的创新,如此才能更加高效地推进冰雪体育旅游节庆活动的发展进程。与此同时,冰雪体育旅游节庆活动要给人带来视觉冲击与思维冲击,要有区别于其他活动的特色,同时坚持调整和创新各个方面的内容,但是活动的核心理念应达到稳定性要求。除此之外,冰雪体育旅游节庆活动要在各个环节都遵循节俭的原则,设法实现低投入高回报的目标,从而使经济效益与社会效益都实现最大化。

三、冰雪体育旅游的营销策略

（一）确定主题

经过多年的发展,我国冰雪运动尤其是东北地区的冰雪运动获得了快速的发展,其中一些冰雪旅游项目甚至在世界上也产生了一定的影响力。以黑龙江省为例,哈尔滨国际冰雪节和黑龙江国际滑雪节发展至今已成为该省体育旅游的亮点和特色,每年都吸引着大量热爱旅游的人前来参与。冰灯游园会、太阳岛雪博会、冰雪大世界等多种富有特色的活动深受人们的喜爱,人们在参与这些活动的过程中能获得愉悦的心理体验,从而为本地区的冰雪旅游市场创造了良好的口碑。作为冰雪旅游活动的设计者,一定要把握消费者的心理,实现赏冰和玩雪产品的组合,实现动静产品的组合,增强消费者的观赏体验,激发他们参与活动的热情。

（二）按照游客需求设计旅游产品和服务

对于参与体验式旅游的游客来说,他们往往认为精神产品比物质产品更加弥足珍贵,所以组织和开展者应当引导游客充当旅游产品的设计者和生产者,为游客和旅游企业以及游客与游客提供更多交流和互动的机会,如此有助于旅游企业生产出更多适销对路的冰雪体育旅游产品,最终实现利润最大化的目标。与此同时,旅游企业应当通过多种方式方法强化生产能力、减少生产成本,最大限度地抵消体验产品个性化生产而导致的规模经济的丧失。

（三）实施内部营销

在实施冰雪体育旅游的内部营销策略时要从以下两个方面进行。

一方面,要加强组织内部的文化建设,让员工深刻体会到工作的乐趣,只有这样才能激发员工参与工作的热情,积极地参与营销活动。对于一线员工而言,他们的情绪变化对顾客的购买行为能产生重要的影响,因此一定要加强员工关于这方面的培训,引导广大游客参与到美好的体验中。

另一方面,积极引导当地市民参与冰雪旅游活动也是一个非常重要的内部营销手段。在当地市民的热情带动下,能吸引广大的游客并对其产生极大的感染力,使他们感受到良好的旅游氛围,从而增强了当地冰雪旅游活动的口碑。

（四）提供附加产品

在冰雪旅游活动中,除了加强核心产品的营销外,还要在一定程度上加强附加产品的营销。附加产品的营销有助于充分发挥冰雪核心产品的效用,带来极大的经济价值和社会效益。如在冰雪旅游活动结束后,旅游企业趁着活动的余热可以适时地组建旅游俱乐部或网上论坛专区,为旅游爱好者提供交流与分享的平台,如此能使旅客对美好体验的记忆率得到强化,充分激发旅游者再次出游的崭新需求。诸多实践表明,组建旅游俱乐部或者网上论坛专区,能够在潜移默化中拓宽旅游企业的宣传范围和推广范围,此外能有效调动更多旅游者参与体验旅游的主观能动性。

（五）软硬兼施，营造氛围

对于冰雪旅游活动而言，要想提高活动的影响力，首先要增强活动的体验，给游客一个良好的印象，而要想使游客获得良好的印象，旅游活动组织者就要营造一个良好的活动氛围，以使旅游者产生愉悦的心理体验和感受。要想营造良好的氛围，首先就要加强冰雪旅游景区的硬件设施建设，给游客带来较强的视觉冲击，然后增强游客与服务系统的互动、增强游客之间的互动，这样做的目的在于加深游客对本地区旅游活动的印象，提高影响力。

以滑雪为例，作为活动的开发者与管理人员，首先要加强滑雪基础设施建设，突出活动的个性与特色，营造良好的滑雪氛围。在对旅游者提供服务时，要注意每一个细节，为游客提供极致的心理体验。

（六）充分利用旅游纪念品

一般来说，纪念品都具有回忆体验的价值，因此能吸引消费者产生一定的购买意愿，由此可见，充分利用纪念品来加强冰雪旅游活动的营销也是一个重要的手段。从本质上来说，旅游纪念产品本身不失为一种切实有效的宣传方式，因而旅游企业应当精心设计和开发冰雪体育旅游纪念品，将体验这一特色充分凸显出来。

总而言之，冰雪体育旅游纪念品不但能帮助游客回味体验，而且能有效增强各地区冰雪体育旅游的宣传效果。

四、冰雪体育旅游的形象塑造策略

（一）形象塑造的基本原则

1. 整体性原则

冰雪体育旅游形象具有一定的综合性特征，这一综合形象主要由物质景观形象、地方文化形象及企业形象等多个二级系统组成，每个二级系统下又有若干个三级系统，系统内元素众多，其中历史形象、现实形象和发展形象是冰雪体育旅游形象的三个方面。作为冰雪体育旅游形象的设计者一定要充分考虑这三个方面进行设计,做到整体形象的统一,增强旅游者的印象,激发他们的参与热情。

2. 差异性原则

每一个冰雪体育旅游目的地都拥有地方特性,所以旅游形象设计环节应当先对旅游地的旅游资源展开全方位分析,通过多种途径把旅游地的地方特性充分凸显出来,此外保证冰雪体育旅游产品和同类产品有本质性区别。

3. 可行性原则

在开展旅游形象设计活动前,旅游策划者应当认真完成可行性分析工作,为全面实现旅游地形象设计方法提供保障。与此同时,可行性分析应当贯穿到旅游地形象设计的每一个环节,换句话说任何一项旅游形象设计都要把最终形成的设计方案的可行性纳入考虑范围内。

(二)冰雪体育旅游地行为形象设计

一般来说,冰雪体育旅游目的地的行为形象主要包括内部系统和外部系统两个方面。内部系统主要是指旅游目的地的周边环境和员工行为教育两个方面。总体来看,目前我国各旅游景区的内部系统行为形象不尽如人意,需要加以改善和提高。行为形象的外部系统要素则主要包括各种服务活动与促销活动等内容。因此在进行冰雪体育旅游地行为形象设计时要着重注意以上两个方面。

(三)冰雪体育旅游地形象传播

加强冰雪体育旅游地的形象传播对于吸引潜在旅游爱好者,提高旅游地的影响力具有重要的作用。旅游目的地旅游形象传播是指将旅游地的形象信息,通过各种传播策略和手段,有针对性地传递给旅游爱好者,从而影响旅游者行为的双向的沟通活动。

1. 冰雪体育旅游地形象传播的要点

(1)在长时间内持续宣传冰雪体育旅游的主题形象,在紧紧围绕冰雪体育旅游主题形象的基础上,集中多方力量推出焕然一新的旅游产品形象。

(2)进一步增强冰雪体育旅游形象宣传的多方位工作,设法使其转变成达到系统性要求的工程。

(3)设法使冰雪体育旅游形象宣传向专业化、规范化以及高技术化的方向持续发展。

(4)使冰雪体育旅游形象促销和旅游产品促销充分结合在一起。

(5)要有目的性、有针对性地开展冰雪体育旅游形象宣传工作,向旅游者需要偏好提供更多帮助。

2. 冰雪体育旅游地形象传播的策略

从根本上来说,冰雪体育旅游地形象传播就是信息传播,形象是信息的表现形态。作为一名冰雪体育旅游经营者,基于旅游产业特点来选择并运用最适宜的信息传播手段,是改善形象宣传效果以及提高旅游目的地营销业绩的一条可行性途径。形象广告、网络传播、公共关系、市场营销、书籍、口碑等传播手段都可以应用于冰雪体育旅游地形象宣传工作中。

第四节　我国冰雪体育旅游发展的实证分析

一、黑龙江省冰雪体育旅游的发展现状

(一)黑龙江冰雪体育旅游项目的开发现状

在我国冰雪体育旅游中,黑龙江省冰雪旅游开展情况较好。在冬季,人们都慕名前往哈尔滨参加各种各样的冰雪活动,冰雪运动也因此受到当地政府的高度重视。除此之外,黑龙江省的冰

雪运动员也层出不穷,涌现多位世界冠军,为我国冰雪运动的发展贡献出了重要的力量。

在黑龙江当地政府部门的领导和支持下,黑龙江的冰雪运动发展极为迅速,发展至今,亚布力滑雪场已经成为世界一流的滑雪场,吸引了众多的滑雪爱好者前来体验。另外,近些年来,黑龙江省也建设了大量的高质量的冰雪运动场馆,这不仅满足了运动员训练与比赛的需求,还吸引了众多群众前来体验,这些各具特色的冰雪运动场馆成为重要的人文景观,加深了人们对黑龙江省冰雪旅游地的印象。

在黑龙江省政府相关部门及各种社会组织的带领下,涌现出了大量的优秀的冰雪体育旅游节庆活动(表 9-2),吸引了大批冰雪运动爱好者前来旅游,这些冰雪体育旅游节庆活动逐渐成为城市的名片。

表 9-2　黑龙江冰雪体育旅游节庆活动

名称	主办单位	时间	级别
中国黑龙江国际滑雪节	文化和旅游部、黑龙江省人民政府、哈尔滨市政府	12月12日	国际
中国哈尔滨国际冰雪节	文化和旅游部、黑龙江省人民政府、哈尔滨市政府	1月5日	国际
中国漠河黑龙江源头冰雪汽车越野拉力赛	黑龙江省旅游局、大兴安岭行署	3月	国内
中国佳木斯国际泼雪节	佳木斯市政府	12月	国际
中国齐齐哈尔关东文化旅游节	中国旅游协会、黑龙江省旅游局、齐齐哈尔市政府	12月末	国内

(二)黑龙江冰雪体育旅游的资源现状

1. 自然资源现状

黑龙江省地处我国东北部地区,该省冬季寒冷而漫长,降雪量大,优越的自然条件为该省的冰雪体育旅游创造了良好的物质条件。在这样优越的地理环境下,黑龙江成为我国冰雪文化和冰雕艺术的重要发源地,在我国产生了广泛的影响力。进入冬季,松花江上会结冰,冰雕艺术爱好者会采集冰块建起一座座冰雕艺术品,深深吸引着人们的目光。黑龙江地区地理位置特殊,是通往俄罗斯与欧洲大陆的重要通道,因此发展边境旅游也具有重要的优势。

2. 人文资源现状

黑龙江省境内民族众多,历经长期的发展,各个民族都形成了独具特色的冬季体育项目,这为开展冰雪体育旅游活动提供了良好的基础。哈尔滨每年举办的国际冰雪节就是黑龙江省冰雪旅游的典型代表,通过冰雪旅游节庆活动的举办,为当地带来了极大的经济价值与社会价值。

3. 基础设施资源现状

目前,我国黑龙江省的冰雪体育运动拥有着良好的发展势头,发展至今已建立了一个相对健全和完善的冰雪体育旅游服务体系。经过多年的建设与发展,黑龙江省建立了众多优秀的滑雪场(表9-3),深深吸引着众多国内、国外的滑雪运动爱好者。

表9-3　黑龙江滑雪场等级现状

质量等级	雪场名称	所在城市
SSSSS	黑龙江亚布力滑雪场	牡丹江
SSSSS	帽儿山滑雪场	哈尔滨
SSS	二龙山龙珠滑雪场	哈尔滨
SSSSS	哈尔滨吉华长寿山滑雪场	哈尔滨
SSS	阿城平山神鹿滑雪场	阿城
SSS	尚志华天乌吉密滑雪场	尚志市
SSS	上京国际滑雪场	尚志市
SSS	佳木斯卧佛滑雪场	佳木斯市
SSS	黑河龙珠远东国际滑雪场	黑河市
SSS	伊春铁力日月峡滑雪场	伊春市

发展至今,中国黑龙江省已与俄罗斯、日本、韩国等周边国家建立了良好的伙伴合作关系,通过与各个国家或地区的交流与合作获得共同发展和进步。

二、黑龙江冰雪体育旅游发展中的问题

(一)科学统筹及指导工作匮乏

发展到现在,经过各方的努力,冰雪体育旅游产业已成为黑龙江重要的体育产业力量,为黑龙江省带来了极大的经济价值和社会价值。但需要注意的是,为了追求更大的经济效益,一些冰雪旅游企业一味地扩大企业规模,而忽略了当地的基础设施建设,同时也欠缺经营管理的规范,这导致出现了很多问题。从某种程度来说,这些问题的出现与缺乏科学的统筹管理有着密切的关系,这些问题会导致各个企业陷入不正当竞争中,损害大量的社会资源,不利于当地冰雪旅游乃至社会经济的发展。

(二)基础设施不完善

黑龙江冰雪体育旅游要想快速发展,就必须有充足的资源以及完善的基础设施建设作为保障。良好的冰雪体育旅游应当向广大旅游者提供优良的环境,由此使人们获得较好的体验。综合分析黑龙江省冰雪体育旅游的发展进程能够发现,在每年旅游总量持续增加的情况下,基础设施并不能充分满足广大游客的实际需求。在现代人实际需求日益多样的情况下,当地政府应当想方设法满足各类人群的实际需求,对广大群众的需求进行分类,从而有针对性地满足人们的需求。

通常情况下,冰雪体育运动会选择一些偏远地区开展,如此必然会增加相应服务工作的整体难度。除此之外,因为黑龙江省地处我国东北地区,所以广大游客前往冰雪体育旅游胜地往往需要耗费很多时间,这使得参与黑龙江省冰雪体育旅游活动的游客大多来自黑龙江省周边国家和地区,来自我国东南沿海经济发达

地区的游客很少。

（三）专业人才数量有限

黑龙江省要想促使冰雪体育旅游实现可持续发展目标，同时拥有更大的市场竞争力，重中之重就是引进人才、强化专业化服务，但当前黑龙江省冰雪体育旅游经营管理的综合型人才很少。举例来说，滑雪运动中的很多指导人员并没有丰富的工作经验，难以就游客的人身安全提供切实可行的意见，所以很多游客会觉得黑龙江省的冰雪体育旅游的服务水平不高，这无疑会影响冰雪体育旅游的发展。

（四）环保意识有待增强

冰雪体育旅游与自然环境有着密切的关系，因此在发展的过程中要坚持绿色发展的基本理念，加强旅游开发者的环保意识。冰雪体育旅游产业属于一种绿色无污染的第三产业，经营得当能为当地带来极大的经济效益和社会效益。但是目前来看，为追求冰雪旅游产业的发展，存在着破坏自然资源的现象，如大量森林被砍伐、大面积绿地被占用等。这对于黑龙江冰雪体育旅游产业的发展是十分不利的。因此，黑龙江省旅游相关部门要采取必要的措施加以治理，以实现冰雪旅游与自然环境的和谐发展。

（五）对旅游资源的认识程度较低

黑龙江省很多地区历来都比较重视工农业的发展，冰雪旅游作为一个新兴的第三产业，从上到下普遍存在着认识不足的情况，另外在发展冰雪旅游的过程中，存在着盲目跟风，缺乏规划的现象。这在一定程度上阻碍了黑龙江省冰雪体育旅游产业的发展步伐。

另外，我国冰雪体育旅游产业发展时间相对较晚，欠缺必要的发展经验，关于冰雪旅游的理论研究也较少，因此需要借鉴与参考其他国家冰雪体育旅游的发展经验，从而促进我国冰雪体育旅游产业的健康发展。

（六）省内生态环境日渐脆弱

为促进黑龙江省冰雪体育旅游的发展，相关旅游企业加大了开发的力度，但在开发的过程中，经营管理不善，环保意识欠缺，导致生态环境遭到严重破坏，如为了加大滑雪场的规模致使地下水资源过度开采，这种破坏生态环境而获取冰雪体育旅游发展的做法是非常不可取的。

（七）旅游季节性强

由于冰雪体育旅游的发展必须依赖冰雪资源，所以就出现了旺季游客量猛增、淡季经营惨淡的情况。从整体来说，黑龙江省冰雪体育旅游的旺季是在冬季，但冬季的春运期间交通拥挤，使得很多需要长线旅游的人望而却步。然而，冰雪体育旅游企业在淡季则会面临经营难、效益低的问题，无法形成良性循环。

三、黑龙江省冰雪体育旅游的发展策略

（一）树立新的发展理念

在冰雪体育旅游的发展过程中，一定要反复重申环保与节约的必要性，保证黑龙江冰雪体育旅游向可持续发展的方向发展。在发展过程中，当地政府应当坚持归纳和吸取发展过程中的经验教训，同时密切联系市场发展的实际状况来革新各项发展理念。作为政府管理部门，一定要主动而科学地拓展国内市场与国外市场。

由于地理环境优越，黑龙江省有着丰厚的冰雪体育旅游资源，但是由于在开发旅游资源的过程中不注意生态环境的保护，致使黑龙江省的生态环境遭到严重的破坏，这对于本地的体育旅游产业的发展是十分不利的。因此，旅游企业一定要注意加强冰雪旅游开发与环境保护的和谐发展，加大生态环境的保护力度，

实现共同发展。

黑龙江省在开发冰雪旅游资源的过程中存在着一定的环境污染问题,在今后的工作中,相关企业一定要重视控制污染的环节,采取有效的措施和手段控制污染源,妥善处理好各种环境污染问题。除此之外,还要做好环境保护的宣传,提高居民及旅游者的体育旅游资源保护意识,加强冰雪体育旅游的基础设施建设,建立完善的冰雪体育旅游资源管理体系。这样才有利于黑龙江省冰雪体育旅游市场的可持续发展。

(二)加强冰雪体育旅游服务体系建设

在冰雪体育旅游服务体系建设方面,政府应制定相关的优惠政策并加大经济投入,坚持以人为本的基本原则,充分发挥人的能动性,提高黑龙江省冰雪体育旅游产业的竞争力。

1. 加强硬件基础设施建设

相关旅游企业应采取必要的措施和手段加强旅游资源的开发,开发出特色的冰雪体育旅游产品,以满足旅游爱好者的需求。同时还要加强旅游地区的基础设施建设,为旅游者提供全方位的服务。

2. 完善冰雪体育旅游接待体系

冰雪体育旅游服务质量的高低将对游客产生极为重要的影响,因此,黑龙江省体育旅游相关部门要加强对旅行社、俱乐部等机构的扶持力度,帮助这些机构或部门提高体育旅游接待服务的质量。如在公共交通场所设置旅游服务台,为游客提供各种咨询服务等。这样能为前来参与旅游的消费者留下良好的印象,具有重要的宣传意义。

3. 加大市场监管力度

要想进一步提升冰雪体育旅游部门的服务水平,还要制定必要的措施和文件加强旅游市场的监管,保护旅游消费者的合法权益,保证冰雪体育旅游活动的有序开展,总之要从各方面提升旅游服务水平,为广大的旅游爱好者提供高质量的服务。

4. 综合开发,强化冰雪体育旅游设施的全年利用

单纯的冰雪体育旅游企业往往存在效益不高甚至亏损的问题,这是因为冰雪体育旅游设施及场地有季节性闲置问题,达到综合利用要求以及全年运营要求的企业少之又少。基于这种情况,就必须在提高冰雪体育旅游设施和场地的利用率上多下功夫:首先,要加大夏季旅游观光的开发力度,充分利用冰雪体育旅游的住宿、餐饮、缆车等设施;其次,从根本上提高滑雪场地的利用率,如借助滑雪场地开展滑草项目、登山赛以及高山冲浪等项目,不断加大种植业的发展力度,坚持不懈地完成旅游环境的美化工作以及绿化工作;最后,加大对各类培训项目的开发力度,如体能训练项目等。

(三)促进专业人才的培养

因为专业人才是发展冰雪体育旅游资源的主力军,所以在发展过程中要大力提高从事相应工作的人员的综合素养,鼓励这些人员积极总结和归纳工作经验与工作方法。与此同时,要积极组合和安排相应的从业人员积极参与各种培训活动,使他们的专项能力得到有效增强。要想使冰雪体育旅游朝着科学化和规范化的方向发展,就必须加大对专业人才的培养力度。

冰雪旅游从业人员服务能力的高低对于冰雪体育旅游活动的顺利开展具有重要的影响,据调查发现,从业人员服务能力也是当前制约我国冰雪体育旅游发展的一个重要因素。因此,相关部门一定要加强冰雪体育旅游从业人员的培养,建设一支高素质的体育旅游专业人才队伍,从整体上提高从业人员的服务水平,这样才能更好地推动我国冰雪体育旅游产业的发展。

（四）进一步扩大宣传，提高旅游资源的知名度

体育传播之所以可以对冰雪体育旅游的发展产生深远影响，是因为大众传媒可以为冰雪体育旅游培养大批量的受众，使冰雪体育旅游的社会发展空间得到充分拓展。在大众传播媒介充分发挥自身作用的情况下，冰雪体育旅游的社会化进程、娱乐化进程、产业化进程、全球化进程都会大大加快。因此，发展冰雪体育旅游的过程中一定要把大众传播媒介的作用发挥得淋漓尽致。

冰雪体育旅游知名度的提升非常重要，在现代社会背景下，黑龙江省相关部门要学会充分利用现代多媒体手段进行宣传，以使全国乃至全球的观众更好地了解本地的体育旅游特色，从而吸引体育旅游目标群体或潜在的旅游群体，这能极大地推动冰雪体育旅游的发展。

在宣传与推广体育旅游产品时，相关部门要重视现代传播工具的运用，充分利用现代化的网络进行传播。如可以通过电视、网络、手机等传播手段赋予旅游群体相关的冰雪体育旅游资源信息，加深他们的印象，促使其产生购买行为。

（五）依据市场进行科学合理的开发

市场是在发展冰雪体育旅游产业时需要考虑的重要因素之一，有市场，冰雪体育旅游产业才会具有良好的发展空间。如果没有游客参与其中，冰雪体育旅游业就无所谓发展。因此，应注重对市场进行合理开发。首先利用现代营销学的科学理论对消费者进行动机和需求的分析，了解消费者的需求。在此基础上通过积极的宣传推广吸引消费者，针对消费者的喜好开发相应的冰雪体育旅游产品。

（六）进一步突出冰雪体育旅游资源特色

黑龙江省在开发冰雪体育旅游资源的过程中，一定要把地方

冰雪体育旅游资源设定为基础条件,同时密切联系当地的民风民俗以及百姓生活习惯来开发富有创意的冰雪体育旅游项目。

（七）资源整合、统筹规划

要想从根本上解决黑龙江省各地区冰雪体育旅游发展过程中内容重复的问题,各地区应当积极协作、统筹规划,采取多元化的方式方法将各地区优势资源的积极作用充分发挥出来,从而使各地区的冰雪体育旅游项目具有鲜明的地区特点。在统筹规划以及优化布局产业发展结构的基础上,推动冰雪体育旅游实现可持续发展。各个地区应当相互学习、协同发展。

第五节　"京张"体育旅游产业的发展

一、"京张"体育旅游产业的发展现状

由于地理位置优越,张家口市拥有丰富的体育旅游产业资源,其中冰雪、长城和军事等地域文化特色非常显著,受到旅游爱好者的注目,这样潜力巨大的体育旅游资源对于引进首都北京的资金、人才等有着较强的吸引力。首都北京拥有先进的文化理念,拥有大量的高素质的文化人才和广阔的文化产业市场。因此,加强这两个地区体育旅游产业的融合与发展具有重要的意义。

近些年来,张家口依托当地优越的自然条件,将滑雪旅游产业当成主导产业,逐步加大了滑雪旅游产业的培育力度,成功打造出了滑雪旅游产业集群,形成了具有一定影响力的品牌。以坝上草原的发展为例,坝上利用得天独厚的草原优势,开展了以天路自行车和汽车露营等为主题的特色体育旅游产业,极大地促进了当地经济的发展。另外,宣化、涿鹿及蔚县也充分利用当地丰富的旅游资源获得了不错的发展。以上这些体育旅游地区都拥有十分鲜明的旅游特色,同时真正达到了将自然和人文、观赏以

及体验充分融合在一起的要求,不仅对不同需求的游客产生了巨大的吸引力,还使得群众文化生活朝着更加多元化的方向发展,从根本上加快了当地社会经济的发展速度。

二、"京张"体育旅游产业的发展问题

虽然张家口市体育文化旅游已经相继取得了发展成果,但依旧比国内外先进地区要落后很多,此外和京津冀协同发展及冬奥会的要求也有很大的现实差距。在多重历史因素的影响下,张家口市是河北省对外开放时间最晚的城市,所以从很早开始就存在经济发展速度慢、社会生产力水平有待提升的问题,在这种大背景下必然会加大张家口体育旅游产业的发展难度,同时相继出现了体育旅游产业资源布局不合理、开发与管理的规范程度不高、体育文化旅游基础设施有待完善、服务的整体水准偏低、宣传推介未达到专业化要求等问题。这些有待解决的问题都是造成张家口体育文化旅游资源严重浪费的重要原因,都或多或少地阻碍了张家口体育文化旅游产业的发展进程。

三、"京张"体育旅游产业的发展对策

要想进一步推动"京张"体育旅游产业的发展,需要北京市和张家口市政府部门及社会组织的配合,实现产业共融和产业共享,推动彼此的共同发展。

(一)政府主导,市场运作

政府部门在冰雪体育旅游产业发展的过程中,扮演着非常重要的角色,因此构建京张体育文化旅游产业带,应大力发挥政府部门的主导作用,以北京为主体,建立共同推进产业带发展的组织机构,采取市场运作的办法,吸引各类市场主体投资产业带建设。发展京张体育文化旅游产业带,政府部门应从京津冀深化战略合作的层面,加快制定京张体育文化旅游产业带总体规划;从北京携手张家口联合举办 2022 年冬奥会的角度,科学合理地确

定产业带的整体布局和功能定位。两地政府应该为其发展提供优良条件,制定完善的保障扶持政策和管理策略,要特别加强政府对产业带发展的综合协调、宏观指导和市场监管。要加大对体育文化旅游的宣传和推广,加强对人才培训和公共服务的支持力度,对重点的体育文化旅游项目给予政策支持,并从产业政策、财政和信贷等多方面为体育文化旅游产业这个新的经济增长点提供动力和保障。基于政府主导这个基础条件,创造有利于创新的政策环境,全面引入市场主体以及社会资本,自觉充当体育旅游产业发展的参与者。这样才能推动"京张"体育旅游产业的健康发展。

(二)产业搭台,经济唱戏

体育旅游产业部门的相关人员要深刻领会和重视体育旅游产业对经济推动的作用,从而为北京市和张家口市的经济发展提供强有力的支撑。在大力发展体育旅游产业的过程中,一定要设法培育出集"京张"特色于一体的旅游景点品牌,坚定不移地开发出能够满足各类人群多元化需求的体育旅游产品,借助多种方式方法拓宽体育旅游市场,对相关产业的发展产生强有力的带动作用。在具体开发的过程中,一定要把各区域间成片开发设定为一个工作重点。举例来说,可以将冬奥会雪上项目举办地延庆和崇礼的冰雪运动产业设定为龙头,带动周边赤城和沽源的冰雪运动发展,建成以精品雪场、冰雪竞赛表演和休闲度假为支撑的冰雪体育产业集聚区。在发展体育文化旅游产业的同时,也要将体育文化旅游产业与城市的招商引资、城市基础设施建设结合起来,充分发挥体育旅游活动的平台作用,进一步加大体育旅游产业和经济的融合力度,极大地推动社会经济的发展,使其带动冰雪体育旅游产业的发展。

(三)突出特色,打造品牌

在构建"京张"体育旅游产业带的过程中,一定要坚定不移地加大挖掘和整合各类资源的力度,不断拓展"京张"体育旅游产业的宣传范围和推介范围。要想实现扩大体育旅游产业影响力的目标，就必须科学打造地域文化品牌，凭借宣传手段、包装手段、开发手段以及营销手段等方法打造出具有巨大影响力的文化品牌，最终达到延伸品牌价值的目标。

首先，要加大对大型国有体育文化旅游企业以及创新力与竞争力都强的体育文化旅游单位，设法使对外交流的体育文化旅游品牌朝着更加强大的方向发展，最终使其国际竞争力得到有效增强。其次，要充分依托体育赛事、艺术表演、旅游展销和对外宣传等多种形式，增进对外体育文化旅游产业的交流和沟通。通过组织和开展形式多样的活动，使世界各国人民对产业带的体育旅游品牌和产品形成更加深刻的认识。最后，要充分发挥在国内外有巨大影响力的广告媒体的作用，循序渐进地增加对外宣传推介的力度，促使冰雪体育旅游产业的认知度得到质的提升。就张家口市而言，提高利用自身区位优势的效率，唱好京戏、打好京牌，深化与北京院校、文化企业和科研院所的战略合作，借势借力发展壮大体育旅游产业。

（四）创新驱动，促进升级

作为政府部门，一定要大力支持创新人才与科技手段的应用，从根本上加快"京张"体育旅游产业升级的整体速度，设法使体育旅游产业的附加值与产出效益都实现最大化。深刻认识到创新人才资源是难能可贵的文化资源之一，在同一时间段内加大培养力度和引进力度，促使创新人才队伍更加壮大。建立健全创新人才创业机制、分配机制和创意成果转化机制，鼓励一些拥有特殊技能和自主知识产权的人才以知识产权入股。安排必要的专项资金，加大创新人才的培养和引进力度。加强与国际国内学术机构的联系与交流，引进文化经营公司和企业，学习转化先进的经营理念和运作模式，提高体育文化产业的创新能力。

在新的历史机遇下，如何推进"京张"体育旅游产业的发展，是当前学术界以及决策者密切关注和深入探究的问题。体育产业和旅游产业通过制度、资本、技术、产品和市场等各个层面的相互渗透、交叉和融合,逐步发展成为集聚集群发展的新型业态,这对于"京张"冰雪旅游产业的发展具有重要的意义。

参考文献

[1]邢中有.我国体育旅游产业集群竞争力提升研究[M].北京:中国水利水电出版社,2017.

[2]石晓峰.体育旅游与野外生存[M].北京:北京体育大学出版社,2017.

[3]黄海燕.体育旅游[M].北京:高等教育出版社,2016.

[4]夏贵霞,舒宗礼.体育旅游开发理论与实践研究[M].北京:九州出版社,2015.

[5]陆邦慧.体育旅游的现状调查与对策研究[M].北京:中国文史出版社,2014.

[6]尹昊.体育旅游概论[M].北京:北京体育大学出版社,2014.

[7]谢经良.体育旅游资源开发与管理[M].北京:中国书籍出版社,2014.

[8]闫立亮,李琳琳.环渤海体育旅游带的构建与大型体育赛事互动的研究[M].济南:山东人民出版社,2010.

[9]杨东明.我国体育旅游市场的开发策略研究[J].中国商贸,2009(9).

[10]李博,叶心明.体育旅游者行为影响因素分析[J].体育科技文献通报,2013(4).

[11]张云生.我国体育旅游市场开发现状与对策研究[J].新西部,2010(9).

[12]崔振海,宁昌峰.体育旅游资源开发的机遇与挑战[J].当代体育科技,2017(20).

[13]李锦.体育旅游安全研究[D].湖南大学,2013.

[14]刘凤香.论体育旅游安全体系的构建[J].军事体育进修

学院学报,2005(3).

 [15]柳伯力.体育旅游概论[M].北京:人民体育出版社,2013.

 [16]陶宇平.体育旅游学概论[M].北京:人民体育出版社,2012.

 [17]张新民.内蒙古自治区高校体育教师人力资源管理现状研究[D].北京体育大学,2012.

 [18]陆俊波.体育人力资源管理创新与能力的提升策略探究[J].宏观经济管理,2017(S1).

 [19]田华.张家口市普通高等院校体育人力资源开发研究[D].河北师范大学,2017.

 [20]张丽梅.冰雪旅游策划[M].哈尔滨:哈尔滨工业大学出版社,2011.

 [21]沈琛,白云霞,师彩霞,杨晓宇.京张体育文化旅游产业带发展策略研究[J].河北北方学院学报(社会科学版),2016(2).

 [22][英]维德,[英]布尔著.体育旅游[M].戴光全,朱竑主译.天津:南开大学出版社,2006.

 [23]吴国清.旅游资源开发与管理[M].上海:上海人民出版社,2010.

 [24]国英男,关吉臣.东北地区体育旅游资源开发研究[J].教书育人,2013(30).

 [25]徐金庆,高洪杰.东北地区体育旅游整合研究[J].山东体育学院学报,2010(5).

 [26]胡承志,黄贵龙.东北地区体育旅游资源开发研究[J].经济论坛,2006(13).

 [27]姜付高.浅议体育旅游生态化建设[J].曲阜师范大学学报(自然科学版),2002(4).

 [28]赵意迎.环境保护与体育旅游业的可持续发展[J].山东体育科技,2005(4).

 [29]袁书琪.试论生态旅游资源的特征、类型和评价体系[J].生态学杂志,2004(2).

 [30]李雪.国内外旅游生态安全与预警研究综论[J].中国旅

游评论,2016(4).

[31]李青山,李伟.对我国体育旅游发展的理性思考[J].辽宁体育科技,2005(4).

[32]傅伯杰.AHP法在区域生态环境预警中的应用[J].农业系统科学与综合研究,1992(1).

[33]张健.自然景区生态安全预警指标体系与方法研究——以杭州天目山自然风景区为例[D].浙江大学,2009.

[34]曾琳.旅游环境承载力预警系统的构建及其分析[J].燕山大学学报,2006(5).

[35]杨春宇等.生态旅游环境承载力预警系统研究[J].人文地理,2006(5).

[36]游巍斌等.世界双遗产地生态安全预警体系构建及应用——以武夷山风景名胜区为例[J].应用生态学报,2014(5).

[37]曹新向.基于生态足迹分析的旅游地生态安全评价研究——以开封市为例[J].中国人口·资源与环境,2006(2).

[38]赵新伟.区域旅游可持续发展的生态安全预警评价研究——以开封市为例[J].平顶山工学院学报,2007(6).

[39]霍松涛.旅游预警系统的初步研究[J].资源开发与市场,2008(5).

[40]王静,祝喜.旅游安全预警的相关研究[J].浙江旅游职业学院学报,2009(3).

[41]陆均良,孙怡.水利风景区生态信息构成与生态预警控制研究[J].水利经济,2010(6).

[42]赵永峰,焦黎,郑慧.新疆绿洲旅游环境预警系统浅析[J].干旱区资源与环境,2008(7).

[43]刘振波,倪绍祥,赵军.绿洲生态预警信息系统初步设计[J].干旱区地理,2004(1).

[44]胡伏湘.基于GIS技术的旅游景区生态预警系统研究[J].软件,2011(12).

[45]闫云平等.西藏景区旅游承载力评估与生态安全预警系

统研究[J].重庆大学学报,2012(35).

[46]王汉斌,李晓峰.旅游危机预警的 BP 神经网络模型及应用[J].科技管理研究,2012(24).

[47]于素梅.体育旅游资源开发研究[D].河南大学,2005.

[48]彭菲.建立山地户外体育旅游开发标准的思考[J].体育成人教育学刊,2016(3).

[49]张素婷,许军,张涛.中国西部山地户外运动资源开发现状探析[J].四川体育科学,2017(3).

[50]彭佳姝.户外旅游活动游客需求特征及其运作模式研究[D].南京师范大学,2012.

[51]姜梅英.中国山地户外运动风险防范机制研究[D].北京体育大学,2013.

[52]马雁骎.沿海发展战略视域下滨海体育休闲旅游的研究现状与发展态势分析[J].市场周刊(理论研究),2015(12).

[53]刘海清.我国滨海体育的现状和发展模式[J].体育学刊,2011(3).

[54]姜付高等.我国滨海地区体育旅游资源禀赋、丰度与绩效评价研究[J].天津体育学院学报,2016(4).

[55]赵金岭.我国高端体育旅游的理论与实证研究[D].福建师范大学,2013.

[56]柳伯力,陶宇平.体育旅游导论[M].北京:人民体育出版社,2003.